子どものために
教師ができること

田中博史
盛山隆雄

東洋館出版社

「人」を育てることに真摯に向き合う同志へのエール

「授業・人」塾 代表
田中博史

筑波大学附属小学校で私が管理職になることが決まったとき、それまで二年間持っていた2年生のクラスを手放さなくてはならなくなりました。筑波小は三年間の持ち上がりが原則だったので悩みましたが、自分の愛したクラスを委ねてもいい相手を考えたとき、浮かんできたのが今回の対談の相手である盛山隆雄氏の顔でした。彼ならばきっとこの子どもたちを大切にしてくれる、算数の面白さも味わわせてくれる、そう思えたのです。

私がかつて基幹学力研究会（国語と算数の合同研究会）を立ち上げたとき、その雑誌の副編集長を依頼したのも、当時筑波小に着任したばかりの若さいっぱい、アイデア豊かな彼でした。今回、その彼との数日間にわたる対談を書籍にする企画をいただき、盛山氏の授業づくり、学級づくりに対する緻密な準備、繊細な心遣いの存在を改めて知ることができたのは貴重でした。時には互いの若い頃の失敗談を語り合い、それをどう乗り越えたかの裏話も交換できて楽しい時間となりました。日々、授業づくり、学級づくりに悩む若い先生たちにとって、またある程度経験を積んだが故に子どもとの向き合い方の課題が見えてきて新たな悩みに出会う先生たち、それぞれの方に役立つ一冊になったと自負しています。

盛山氏の私への質問が特に熱くなったのは、研究を推進するリーダーとしての話題のときでした。彼はこれから筑波小の研究企画部長として同人を率いていく立場になるそうですが、私も同じ立場をしていたことがあるため、この視点における話も盛り上がりました。私は当時、研究同人全員が自分なりの問題意識を明確にもつことの大切さを訴えていました。研究を推進する立場に対して批評家のように論じる同人をつくらないためです。子どもと授業をするときに一人ひとりの問いを大切にするのと同じです。盛山氏にも同様に、キーワードや流行に右往左往するのではなく、本当に自分の問題意識と真摯に向き合うことを大切にし続けてほしいと伝えました。この視点は各学校でスクールリーダーの立場で悩む方たちにも役立つものとなっていると思います。本書が、子どもだけでなく教師仲間も含め、「人」を育てる様々な立場の方を応援することができる一冊となっていれば幸いです。

最後になりましたが、本書の対談の整理に当たって、企画の段階から何度も相談に乗っていただき、また読みやすくするための複数回の大きな修正にも快く応じていただいた編集の畑中潤氏には心から感謝申し上げる次第です。

人を育てるとは何か

筑波大学附属小学校　**盛山隆雄**

筑波大学附属小学校に赴任した年の五月、公開授業のデビュー戦で、私は初めて受けもった1年生に悪戦苦闘の授業をしました。協議会でいろいろ言われたと思いますが、覚えているのは懇親会での田中先生からの言葉でした。「お前はこんな浅はかなことができるんだな」。一見冷たいような言葉に聞こえますが、その言葉を言った先生は優しい表情でした。何がねらいかわからないような授業だったが、有名な教材や成功例をまねした授業ではなく、目の前の子どもたちが喜んで考える教材を自分で考えて挑戦したところはいい。浅はかなことを積み重ねると、少しずつ算数や子どもを見る目が深くなり自分ができてくるんだ、と語ってくださいました。それからも研究授業で悔しい思いをすることは多々ありましたが、苦しいときにはその言葉が頭に浮かび、自己肯定感というか、自分を励ますことができました。

一年目の二月に、田中先生が立ち上げた基幹学力研究会を一緒にやろうと言われ、自分を表現する舞台をもらえることを嬉しく思いました。基幹学力研究会は、年二回の全国大会と雑誌づくりの研究活動を十年間行いました。全力で駆け抜けたその十年間は、田中博史という人柄を誰よりも近くで感じることができた期間でした。豪快で繊細、研ぎ澄まされたセンスと思考法、厳しさの中にあるユーモアや義理人情、そして何より、何より子どもを愛する心――。

研究会では近寄りがたいような迫力をもつ田中先生ですが、日頃の教育活動では、困ったり悩んだりする子どもたちに寄り添い、愛情をかける姿を見てきました。田中先生のまわりにはいつも子どもたちでいっぱい。なかなか周囲に受け入れてもらえないような問題を抱えた子どもたちも、卒業した教え子たちもよく訪ねてきました。そういった絆の中に「人」を育てる本当の教育が生まれるのだと私は感じました。

今回、田中先生との対談を形にするという機会をいただきました。筑波小に赴任した頃を思い返すと、緊張とともに感無量の思いがこみあげてきます。本書を通して、田中先生から学んだ教師としての生き方や生きがい、教師としての輝き方を見つけるすべを受け取っていただき、読者の皆様のお役に立つことになれば幸いです。

最後に、本書の企画を提案してくださり、何度も対談の場を設定し、論点を整理したり、加筆修正等に応じてくださった編集の畑中潤氏に心より御礼を申し上げます。

目次

第１章
子どもとの距離の取り方

最初のテーマは、田中先生と盛山先生が、子どもとどう接しているかについて。子どもたちの個性の生かし方や叱り方など、学級づくりの本質に関わるところをズバズバ斬り込んでいます。若い先生方にとってても参考になるのではないでしょうか。

困っていることを具体的に話す

田中　いまや飛ぶ鳥を落とす勢いの盛山先生と対談できることになって光栄です(笑)

盛山　いやいや、私は緊張感がすごいです(笑)。先生がまだ筑波小に在籍されていたときは、算数部室でいつもご一緒していましたね。

田中　私が話をした後、冗談で「はい、(講義料)○○円!」なんて言ってたなあ(笑)

盛山　ええ(笑)。なので、この緊張感は今も変わりませんね。

田中　コロナ禍も一時期よりは落ち着いてきましたが、以前のように全国を回っているの?(筑波小の先生方は、全国の小学校や研究会に講師として招かれることが多い)

盛山　そうですね。だいぶ戻ってきましたね。それでもまだオンラインが多いですけど。先生はどうですか？

田中　もう普通に全国を回っているよ。

盛山　そのときのテーマは算数ですか？　それとももっと広い？

田中　私は大体算数授業と学級経営という二本柱でやっています。第１部が算数で、第２部が学級経営みたいな感じ。盛山先生たちがやっているのは、若い先生が多いよね？　どういったテーマが多いの？

盛山　多いのは、子どもへの対応でしょうか。やはり、子どもにどう接すればいいかで悩まれている人がたくさんいるというのが実感です。

田中　授業で？　それとも学級経営？

盛山　どちらもです。

田中　学級経営で、例えば先生たちに「学級経営でどんなことに困っていますか」と言って話をするのは、なかなか難しいと思いますが、盛山先生はどうしているのですか。

盛山　私の場合は、実際の経験をもとに具体例を話していきます。「こういう困ったことは自分が若い頃はこうだったけれど、先生はどうしますか？」といった感じで。

田中　これは結構大事なことですね。というのも、**自分の弱点をさらけ出せないと、みんな乗ってきてくれません。**だから、私も講演のときは、あえて自分の失敗談や弱みを話すようにしています。

私の学級通信の本（『学級通信で見る！田中博史の学級づくり4年生』）でも、「一年目のハズレ教師、田中博史」と書くと、「先生にもそんな時代があったんですか」と思われる方もいる（笑）

盛山　絶対、そう思いますよね。

田中　実際、本当に言われていたからね。

盛山　そうなんですか？

田中　そうだよ。だって、田舎の山口から来たわけだから。しかも他の三クラスの担任は有名人ばかり。親からしたら、東京での受験指導の経験もない、田舎から来たばかりの先生が今度の担任かあ、とがっかりされましたから。

盛山　そういう自覚でやっていたんですか。

田中　自覚どころか、クラスの子どもが「ママがハズレだって」と言ってたのを聞いてましたから（笑）

盛山　そう言われたら燃えますよね。

田中　燃えるよ。まず隣の先生は倒せるなとか（笑）。あのクラスにはこの点で勝負しようとか。でも、主任の田中力先生のクラスは無理だなとか（笑）

盛山　一番手ごわいですよね。

田中　当時の主任の先生は筑波小でも一番学級経営がうまいと言われていた先生だったから。でも、いつか必ず抜いてやろうと燃えていましたね。

それで話を戻すと、最近の多くの先輩教師は成功談、つまりうまくいった話ばかりしかしませんよね。そして、附属小の先生がいい話をしても、ほぼ共感されないと思うな。「ああ、そうですか」と思われるだけ。だから、あえて失敗談を話したり、スムーズにいかなかった事実を語る姿も見せたらいいね。これは子どもに対しても同じかな。

友達感覚で子どもに接するメリットとデメリット

田中　それで盛山先生は、どういった具体例を話すのですか。

盛山　その時々でいろいろなエピソードを話します。子どもが言うことを聞かないようなときの話とか。

田中　具体的に聞いていい？

盛山　例えば、今日もクラスでキックベースをしたのですが、けんかが起きました。ある利発な子が、他の子のプレーに対して激しく抗議してきたのです。その子はキックベースが大好きで、ルールも必死に覚えていました。それで、プレーの一部がルール違反だと言って怒ったわけです。

それに対して私も意見を言ったのですが、「先生、それは事前にルールを説明しなかったのが悪いんだ」と言われて……。私はその場で話を続けると時間がかかるので、「じゃあ、後で話そうね」と言ってゲームを進めてしまったのですが、その男の子はずっと不満に思っていたようで。

田中　それは、その子が言っている方が正しくないかな？

盛山　実は、その前にも流れがありました。子どもたちの方から、事前にルールを押さえてからだと時間がかかるから、ゲームをしながらルールを覚えればいいと言ってきました。面倒くさいから事前に説明は必要ないと。それなのに、自分たちのチームが負けているから熱くなって、ついムキになってしまったわけです。

田中　なるほど。でも、それだと後で話すのは遅くないかな？

盛山　ええ、私もその場でその子を呼ぶか、みんなを集めて話すか、悩みました。

田中　これは、一人の問題なのか、みんなの問題なのか。それから、一人にケアすればいいのか、全体が考えるべきなのかという判断をその都度しなければいけないからね。私もよく迷いました。

盛山　そのとおりです。今回は、他の子たちは先へ進めたいような顔をずっとしていることもあって、熱くなった一人の子どもからケアするように判断しました。それで、そのままゲームを続けて、少し早めに終わって、後から教室でその子を呼んで話をしました。その子はプレゼン能力とかもすごく高い子です。だからこそ、ルールのところのことで言い合いになり、けんかになってしまったのです。

田中 クラスには、一人か二人、そういったタイプの子がいますね。みんな、一般に「頭がいい」と言われるタイプかな。

盛山 頭がいいが故に、自分が正しいと思い、自分の考えを曲げません。こういった子とどう接していくかが、私の課題です。

田中 今、何年生ですか？

盛山 4年生です。

田中 人より速く頭が回るから、まわりの子のスピードに我慢できないんでしょうね。

盛山 そうですね。

田中 「おまえら、わかってないだろう」という感じなんだよね。でも、そういった子は、教師が上からの立場で指導しようと思って接すると駄目ですね。教師の目線が上からだとうまくいかないことも多い。彼らにはもしかしたら**対等に接してあげる方がいい**のかもしれないと思うことがある。
　私なんかは、あえて友達感覚で接していたこともある。時には、お互いムキ

になってけんか腰になったりしたこともあったけど（笑）

盛山　対等に接するとは、対話するということであり、相手から学ぶということですね。友達感覚という意味では、私もけんかのようになることも確かにありました（笑）

田中　クラスの一人の友達としてしゃべると効果的なことがあるんだけど、なぜだと思う？

盛山　本音を引き出せるということではないでしょうか。

田中　私はよく「ずっと指導者になっていたら駄目だよ」と言っています。若い先生たちは「もう学生じゃないから、子どもとあなたは違うのよ。毅然としなさい」と言われることが多いと聞きますが、私はそうじゃないと思っています。時には、そのクラスの中の一人と同じぐらいに、自分の立場を落とすことも必要かなと。

盛山　そのスタンスは、私も意識します。**基本的に弱い立場の子どもたちが主体的に自分らしく振る舞えるようになるには、こちらから歩み寄ることが必要**だと思います。そして、子どもたちが本音で語れるようにすることです。

田中　私は友達として接するだけでなく、まわりを巻き込む。つまり、先生対子どもでは駄目なんだと思う。なぜかというと、**いずれ私たち指導者は子どものそばからいなくなる**から。子どもたちの空間の中に指導者はいなくなる。上からの立場で抑えても、いないときはまた彼らは傍若無人に戻る。だから、先生がそばにいるときにまわりの子たちに、その子との付き合い方を教えなければいけないのです。

それこそ、電車の中で酔っ払いに絡まれたときと同じ。大体みんな、逃げますよね。だって、そんな場面に慣れていないから。その結果、酔っ払いはずっと暴れています。でも、電車の中にいる人全員が「やめろよ」とやったら、酔っ払いは静かになりますよ。

子どもも同じです。暴れる子は、注意するのは先生をはじめとした大人しかいないと思っている。だから、大人がいなくなれば、また暴れます。そうならないようにするためには、私が子どものところに下りて、「僕は今のは、ちょっとどうかと思うけど、君はそう思わないの?」と言えばいい。判断するところについては指導しません。

たぶん子どもたちだけになったら、こういう言い合いになるだろうと思って言うわけです。授業のときでもそうしますよね。

盛山　しますね。今回だと、そこまでは言いませんでしたが「みんなに明日聞いてみようか」と全体に振るようなことを言うと、本人もわかっているから「先生、もういいです」と。そういうふうに自分で引き下がっていく。そういう感じでしたね。

田中　もちろん、その子どもの特性があるから、追い込むとまずいタイプの子もいる。逆に一度は追い込ませておかないといけないタイプの子もいる。つまり、先生だけではなく、このクラスには他にも自分のそういう乱暴なことに対して、意見を言ってくる人がいると思わせないといけないのかなと。

盛山　おっしゃるとおりです。ただ、若い先生方からすると、どうしても自分が指導に入ってしまうでしょうね。他の子どもたちに振るのは大変かもしれません。

田中　大変だよ。だって、大人でも職員会議で誰か一人が反論したときに、他の先生がついてこないことがあるでしょう。これと同じことが起きているわけですから。

そう思うと、先生一人が頑張っても仕方がない。つまり、頑張って指導しても、そのときが収まるだけで、先生がいなくなれば、またその子は元に戻るということです。

だから、大人が抑えるという治療法は、要するに対症療法でしかありません。学級崩壊しているクラスに、教頭先生とかが入って収めたりしますよね。あれも実はあまり意味がありません。これらの指導に共通する点は、すべて対症療法で解決しようとしているということ。やはりその**集団そのものに力をつけなければ駄目**だと思うのです。

盛山　そうですね、その集団を育てることが大切ですね。真面目な子という言い方はしませんが、こういうきちんと話せる子たちが主流にならなければ駄目だよということは、常々価値観を伝えておかないと、なかなか勇気をもって手を挙げてくれません。

田中　でも、これが難しい。私もそれで失敗したことが何度もあります。

クラスの女の子たちの人間関係が気になって、ある子に「何かあったら、教えてほしい」とお願いしたことがあったのです。でも、その子からは「先生は、子どもの世界に入りすぎ！」って怒られました。

盛山　入りすぎというのは？

田中　「私たちのことは放っておいて」と。女の子の人間関係に大人が入ってくるのが嫌だったんだよ。だから、そうやって子どもの近くへ行ったり離れたりは、私も手探りでしたね。

どちらにせよ、この本を読んで私や盛山先生の話を聞いて、それを真に受けてそのままやっては駄目ですね（笑）。大切なのは、その**子どもが置かれている現状と前後の文脈も知っていないといけない**ということですね。

盛山　でも、子どもたちのところまで下りていくことは大事ですね。玉川大学の創始者である小原國芳は「教師は水車の如く」と言っていました。いくらかは水の中に浸かっているように教師も子どもの世界に入る部分が必要だと思います。この前も、中学生になった教え子が遊びに来ていましたが、「中学校の先生は（立場が）上にいる」と言っていました。「小学校の先生は同じだ」と。

田中　難しいよね。中学校の先生からすると、なめられるわけにはいかないと思うのでしょうね。中学校だけじゃない。高校も大学も一緒。子どもたちを管理していないと怖いんだと思うよ。

盛山　中学生なんて、会っていてもまだかわいいと思うんですけどね。先生が対等に話をしてあげたら、彼らは素直に話しますよ。時には威厳をもってもいいと思いますけど。

田中　私の教え子で、小学校の非常勤をやってから中学校の先生になった子がいます。その子は、小学校の先生のときは、子どもたちと友達感覚ですごく仲良くやって、平和な時間を過ごしていた。でも、中学校の先生になったとき、先輩から言われたのが「まず、自分のことを下の名前で呼ばせるのをやめなさい。あなたは友達ではありません、教師です」と言われたそうです。

実は、これはいろいろなところの初任研でもやっています。若い先生方にそうやって教えているわけです。「大人です、毅然としなさい、もう学生ではありません」と。だから、教師はそういう口のきき方、態度をとらなければ駄目です、迎合してはいけません、とね。

盛山　確かに、本校でも新しく赴任した先生は、慣れるまで子どもを名字の呼び捨てで言ったりしますね。ちょっと距離を取るというか。でも、子どもたちの中に入らないと本音は聞けないし、私は**本当の意味で子どもたちを開拓するには、そこに行かないと変わらない**気がしています。

田中　子どもは仲良くなると、境界線を越えて土足で入ってくるときがあるから、それが怖い先生もいるのだと思います。よく教育実習生が陥りがちですね。それでコントロールが利かなくなってしまう。

私も1年生の担任をもっていたとき、私の脚にずっと抱きついてきた子が二人いたんです。右足と左足、それぞれにずっとくっついていた子（笑）

盛山　いましたね（笑）

田中　二人とも、私の長靴みたいにくっついているわけだ。1年生だからいいけど、2年生くらいまでくっついていて、途中からコントロールが利かなくなった。

私が「離れろ」と言っても、親が言っても、誰が言っても離れないんだもの（笑）。研究会のときも離れない。「まいったな、ムキになるわけにもいかないし」と思って諦めて、何もしないで他の子と話をしていると、すっと離れていきました（笑）。離れろとか言ってもらわないとつまらないんだね。あ、なんだ、しばらく放っておけばいいのかと。

それくらい、子どもは土足で入って来始めると、大人の反応を見て楽しむから。だから、中学校の先生たちをからかうのも、わざと悪態をついて反論してきて、「体罰ですよ、それ」とか「セクハラ」とかやって攻撃したりするわけです。

盛山　よく「お試し行動」なんて言う人もいますね。

田中　この大人がどういうふうになるか。ムキになるのを喜んで、休み時間とかに「こう言うと、あいつはどうやって逆上して何を言うと思う?」と賭けをしているんだとか……（笑）

盛山　そう考えると、子どもの側まで下りることをリスクと捉える人もいるでしょうね。

田中　下りてはいけないと習っているということもある。「下りるのは駄目な教師」と。私は両方のバランスが必要だと思うけどね。

盛山　（一方で）下りていくと、休み時間とかでも子どもたちがわーっと教卓に集まってきてくれます。それこそ、暇ができないくらい。小学校の先生としては、醍醐味の一つとも思いますけどね。

できるだけ早く怖い一面も見せる

盛山　確かに子どもたちは、いったん騒ぎ出すとなかなか収まらないところがあります。田中先生は、そのあたりの切り替えはとてもお上手でした。先生がピッとスイッチを入れると子どもたちもパッと変わる。あのメリハリはすごかった。

田中　そのためには一回、**どこかで怖いひろし先生の一面も見せておく**必要がありますね（笑）

盛山　一度は叱らなければいけない。子どもが納得する形で。

田中　先に目的をもって叱る材料を探せばいい。ある学校の男の先生が、女の子になめられてしまったと相談してきたことがあります。「叱ったら嫌われそうなんです」と言うから、「いや、毅然として叱らなければ駄目だよ」と言ったんです。翌週、毅然として叱ったそうなんですけど、もっと嫌われたらしい（笑）

盛山　あり得ますね。やっぱり叱るまでの信頼関係や文脈が大切だと思います。

田中　その学校の他の先生から「田中先生、何を教えたんですか」と聞かれたので、「いや、毅然としろと言ったんですけど」と答えたら、「どうでもいいところで毅然とするんです」と。「毅然とする＝感情的に叱る」になっていたんですね。

盛山　そのあたりは難しいところです。叱る材料を探すとおっしゃったのですが、例えば、みんなで共有した約束を守らないとか、休み時間の様子を観察して友達へのひどい言動を確認するといったことですかね。

田中　そう。だから、叱る材料を探すという意識がいるんです。つまり、教材研究が要るのです。教材研究なしで授業はしないでしょう。**子どもを叱るなら子どもも研究が必要**です。

盛山　子ども研究。いい言葉ですね。私は、本校に「子ども理解研究部」を立ち上げました。それは、学校教育において、授業でも生活指導でも子ども理解が原点にあると考えたからです。まさに子ども研究が命ですね。

田中　「子ども理解研究部」っておもしろいね。子どもとはどういうものか、子どもをちゃんと観察し、その真の姿を研究しなければいけません。それを繰り返していくと、こういうときにこうなるとか、この事件が起きたらこういうことが起きるとか予測がつくようになります。

私なんかは、言い方は悪いけどわざとわな（？）を仕掛けるときだってありますから（笑）。わざとトラブルが起きそうなゲームをしたりね。でも、そうすることで、事件の前後を見ることができます。ドラマの先がわかっているので、どこを叱ればいいかもわかるわけです。

盛山　もともと先生の場合は、「友達を大切にすること」に反した場合は叱る、という叱るポイントがハッキリしているんですよね。だから、子どもたちも納得するというか、これは叱られてもしょうがないという場面ですよね。

田中　そうですね。でもその**材料を「探す」という意識がとても大切**です。探しているから、こちらは冷静です。

ちなみに、私は叱るときは「ですます調」になるんだそうです（笑）。以前、先輩の正木（孝昌）先生に「おまえは、ですます調になると怖いよな」と言われたことがあります。普段は「何をやっているんだよ、座れよ」なんて言っている、べらんめえ調の私が、真面目に叱るときは「ちょっと君たちに話したいことがあります」となるわけですからね。

盛山　普通は逆ですけどね。普段は敬語で、怒るときに厳しい言葉に変えてしまいがちですけど。

田中 そう、逆なの。「君たちに伝えたいことがあります」と言うと、みんな「え？」となる（笑）

盛山 あれは、日頃の信頼関係がないとできません。先生はその空気を子どもたちに伝えて、やるときはビシッと変えましたよね。

田中 そうだね。

盛山 それを子どもたちはわかっていて、ここからはふざけてはいけないと、あれが心地いいですよね。

田中 自分では意識していなかったけどね。

盛山 若いときからそうだったんですか？

田中 たぶん若いときからだと思うけど、ずっと無意識にやっていたから、正木先生に言われるまで気付かなかった。自分でそういうふうに使い分けるという意識はなかったから。もちろん、若い頃は癇癪を起こして「ふざけんじゃないぞ！」とやっているときもあったけど、でもこれは、子どもから「はい、はい」とあしらわれる感じであまり効かないんだよね。

盛山 特に高学年の女の子にはね。先生の「ですます調」は、子どもにとっては、それが切り替えの瞬間なんですね。

田中 そうです。「あっ、先生、ちょっと本気で怒ってる！」と感じてもらうスイッチになるのかな。

盛山 **わかりやすくしておいた方が、子どもたちにもいい**と思います。

田中 子どもはその方が付き合いやすいんだと思う。

盛山 パッと空気をつくりますね。

田中 例えば、突然「ちょっと座りなさい」と……。

盛山 「座りなさい」とか言われると、「あ、やばい」となります（笑）

田中 「やばい。誰だ、地雷を踏んだのは」と（笑）。そういう空気の切り替えの瞬間かな。

盛山 要りますね。

田中 でも、それをどうやってつくるかは、人によって違います。ずっと怒鳴り続けてたのでは、誰も言うことを聞かないこともありますからね（笑）

盛山 ありますね（笑）。でも、メリハリという点では、先生は表情一つもすごいです。笑顔のときの先生の顔と、「よし、よし、よし」とやっているときと、叱るときのパッと変わる表情。教師はそういう意味では、表現力が要りますね。役者でなければいけません。

田中 私は**担任をもって一週間の間に、絶対両方を見せる**ようにしていました。怖い私とじゃれる私。必ず一週間の中にわざと見せることにしていた。そのタイミングが遅いと、子どもたちの中には土足で入り込む空気をつくろうとする子もいるからです。私のことを知らない場合はなおさらですね。筑波小の場合は、同じ学校にずっといるので、いつの間にか私の（怖い）伝説が伝わっていましたけど（笑）

盛山 そうですね。高学年の子どもから低学年の子どもへ。保護者から保護者へ伝わっていく感じでしたね。

田中 だから、晩年のクラスでは、そんなことをする必要は全くなかったです。実際、全校朝会で生活指導がいくらやっても静かにならないのに、私が行って「ちょっと貸して」とマイクを持って立った瞬間に、ピタッと千人が静まってた（笑）

盛山 何かオーラが見えましたもの（笑）

自分にとって居心地のいいスタイルで

盛山　私の場合は、田中先生のようにカリスマではないので、**「ちょっと真面目に言うよ」と、一言前置きの言葉が入ることが多い**です。その言葉でピッと切り替えさせています。

あとは、子どもたちに事前にある程度話をしておくようなスタイルをとっています。「これについて、できるかできないかを見ておくよ。もし線を越えたら、先生は言うときがあるからね」みたいなことは、必ず言っています。そうすれば、子どもたちをガツンと叱っても、「あ、その線を越えたんだな」と納得してもらえます。

田中　自分にあったやり方を考えるというのは大切なことですよね。かつてお笑い芸人の方とイベントをしていたとき、事前打ち合わせも芸人さんによって違うのです。午後からの対談に向けて、昼休みにどういった内容にするか軽く話すのですが、話す人はすごく話すし、話さない人はほとんど話さないんですね。

不思議に思って尋ねると、話さない人は「本番で自分のポテンシャルを最大限に発揮できるように、お昼はできるだけ話さないようにしていた」と。一方で、話す人は「話をするのが大好きなので、事前も本番も関係なく話せる」からだとおっしゃっていました。

つまり、プロの芸人は、自分のポテンシャルの出し方をきちんと知っているわけです。そう考えると、先生たちもいろいろな人のまねをするだけではなく、**どの方法が自分にとって一番向いているかを選べるようになるといい**ですね。

でも実際には、初任者研修にしても、いろいろな学級経営講座にしても、一つのことを聞いたら、それがすべてだというふうに教えられてしまいます。だから、「めあて」「まとめ」を形式的にしようとする文化が起きたりもする。もっと指導者側が相手に複数の方法を示して、選ばせるということをするといいのにね。

人によっては、「私はそれが向いているからする。その時間、自分は無理をしていない」という人もいるでしょう。だけど、それが無理な人もいるわけです。場合によっては一回失敗して、トラウマになっている人もいるかもしれません。その人たちにとっては、提示された方法がまだ無理のときもあるでしょう。どこであれば自分は居心地がいいか、それを探していいと思います。

盛山　自分の「資質・能力」ですね。全力で自分がやりたいことをやっていれば、自然にそれができる感じがいいのかもしれません。私は田中先生のまねはできないとよくわかっているので、自分らしさをどこまで出せるかが勝負と思ってやっています。それを他者が盛山らしさと評価する。何か成果を出そうとするより、自分にとって心地よい仕事をすることが成果につながりやすいですね。

田中　あとは冒頭にも少し話したけど、自分の弱点をさらけ出すのも大事ですね。先生ってどうしても、自分の弱さを隠しがちですが、むしろ出していった方がいい。その方が、逆に大きく見えたりします。

中学校の先生が、生徒たちから難しい問題を「これできる?」と出されたときに、「いや、できないな」と言えたらすごいことですよ。でも、みんな「ちょっといま忙しいから、後でやっておく」とかっこつけるでしょう。そうすると、生徒たちは「ほら、できないんだよ」となる。

盛山　逆に言われてしまうんですね。子どもに教えてもらうぐらいのスタンスを取ればいいと思います。そして、共感することですかね。

田中　そう。「先生、これはできないかな」とか言われたら、向こうは拍子抜けするよ。

盛山　そっちの方が大きく見えるというのは、確かにそうですね。

田中　武道の世界でも肩をぽんと押されたときに、はね返すパターンとすっと引くパターンがあります。後者の受け流す方が実はすごいのです。相手のエネルギーがすべて吸収されるようになるからね。

盛山　子どもと向き合うときは、その両方が必要ですね。流したり、時には押したり。先生は、さすがにたとえがうまいですね。

田中　相手の押し方が緩いときは、ゴンとやれば反動で向こうが飛んでいくから。相手がかなり力を入れてきているときは、それをやったら肩が外れるから自分も痛みます。さっきのキックベースの話も、子どもが癇癪を起こしているときは、強く押し返しても駄目です。その場で正論を言ったって、恥をかかされていると感じると、どんどん泥沼に入っていくからね。

盛山　本当にそう思いました。

田中　そういうことは、その場で判断し続けることが必要になる。実はこれは授業のときに、この言葉を使ってやっていいのかなとか、このときに他の子にも聞いた方がいいのかなとか、こっちの子に当てていいのかなと悩み続けるのと似ていて、日々の授業で子どもと向き合うことを頑張っている人はそれが練習になっていると思います。

授業中にそういうことをしない人は、その訓練ができていないから、学級経営にしても人間関係調整にしても、もっと言うと学校経営にしても、うまく対応ができません。だから、私が「授業は学級経営だ」と言うのは、**授業で学級経営をするという意味だけではなく、子どもたちとの付き合い方、さらには対応していく力も身に付けている時間**ということです。

個別に対応するときに大切なこと

盛山　先生は学級集団をまとめるだけでなく、実はかなり個別に対応していたという感じがあります。一律の対応ではなく、一人ひとりの個性や取り巻く環境に合わせていろいろなことをされていたように思います。

田中　それは、全員に平等にやろうとしても無理だからです。例えば、A君に対応している私の姿を他の子に見せることによって、A君も見捨てられないんだなとか。Bは今、叱られているけど、あの叱られ方は結局、ひろし先生はBのことが好きなんだよね、という空気が伝われば、他の子たちも私の想いを汲んでくれるようになるんだと思います。

一人の子どもを育ててみんなを育てるというのは、昔、先輩の有田和正先生が「追究の鬼を育てる」というときに、みんなを追究の鬼に育てるようにするのではなく、**まず一人を徹底的に育てる**とおっしゃっていましたが、その考えに近いかもしれません。それがひいきと取られるようだったら駄目ですけどね。

盛山　私もそう思います。**一人の子への対応を他の子どもたちに見せることを通して安心させる、という指導を意識**していました。そして、先生や友達の想いを汲み取る力を育てようとしました。「どうして私がこう言ったか、みんなわかる？」とか「○○さんがどうしてこのように言ったかわかるかな？」と尋ねて考えさせます。〝想いの共有〟と考えていました。

田中　そう、他の子にとっても単純にその男の子が今までの学年でどういう叱られ方をしているか、知っているわけだから。同じことをやっても、ひろし先生は叱り方が違うということが伝わるでしょう。だから、こういうときは彼一人を呼び出してやるのでは、あまり意味がないということになる。

盛山　使い分けですよね。呼び出しの場合と、みんながいる前であえてやる場合とを意識しているんですね。

田中　やんちゃ坊主の場合は、みんなの前でやっても大丈夫かな。彼らは予防接種が済んでいるから。それで恥をかかされたとは思っていないことが多いので。

逆に言うと、今までの先生が激しく怒っていたような場合にも「私もうまく伝えられないいけれど……」「おまえはこういうときに本当はいいやつなのになあ」と悩みも見せる。

するると、単に突き放している叱り方ではなく、ちゃんと大事にされているというのが伝わると思います。それをやるんだったら、全体の前で叱っても問題ないかな。敵意を育てるような叱り方は駄目だと思う。

盛山　全体の前でやるときには、コツはいくつかあるかなと思いますね。大切なことは、その子を悪いと思っているのではなく、行為を悪いと言っていることを区別して伝えることです。

また、よいイメージや期待感も言葉にしたいですね。「あのときは、とてもよくできてたよね。今日は、○○のような状況だったから気持ちはわかるよ。次は頼んだよ」といったフォローの言葉も混ぜて期待するのです。

田中 心配なのは、この本でこれをまた策略のように書いてしまうと、みんなそれをマニュアルにしてしまうので……（笑）

盛山 その子のタイプとか、状況とかに合わせて変えることが大切ですね。

田中 自分の心の中から湧き出るものがないとね。**技術や形式だけまねても駄目**です。

盛山 そこですよね。心から湧き出るものというのは通じるけど、なんとなく技みたいになって、淡々とした表情でやっても駄目ですよね。

田中 だから、私は子どものところに下りて、彼らと友達になることから始めると言っているのです。

自分が子どもになったときに、修学旅行であのやんちゃな子と同じグループになってやっていけるだろうか、と。大人は離れているから気にならないでしょうけど、同じグループになった子たちにしてみたら、一日付き合うんだからね。たまったもんじゃないと思うかもしれません。

だから、自分も子どもの一人になったつもりでグループ決めもする。場合によっては、この子だったらやんちゃな子も耳を傾けてくれるかなという子とグループを組ませるように仕向けたり……。でも、そうすると組まされた子は大変です。だからそんなときには、自分も引率で一緒にいたりもします。子どもたちも、その子と短い時間だけ一緒にいるくらいならできるかもしれないけど、一日ずっと一緒にいるとなれば大変でしょう。だから同じグループの子だけに背負わせるわけにはいかない。そこで、私も彼らとずっと一緒にいて、みんなで遊んでいたこともあります。

盛山　今の話を聞いても、やはりバランス感覚なのかなと思いました。両方の立場のことをいろいろ考えていたわけですね。

田中　ただ、私のやっていることは、単純にまねしたら危ないかもしれません。背負わされた子たちの親から「なんでうちの子は……」となる恐れもあるからです。

盛山　私が若い頃には、先生からこういった話を随分聞いていたので、よくまねさせていただきました。私が「頼むね」と子どもにお願いすると、その子も意気に感じてやってくれたりしましたね。

田中　初任者研修で「田中先生、席替えはどうやっていたんですか」という話になって、「なんで?」と聞いたら、「私はくじ引きとかでやるのですが、どうしてもこの男の子にはこの女の子を付けておきたい、でもその子がいつもされるのは嫌だと。だから、たまにはくじもいいってやるんだけど、くじだと相性の合わない子が隣になったりすることもあります。すると、その席替えの期間はすごく落ち着きません……」と。

これを聞いて私は「じゃあ、席替えの期間を短くしたら?」とアドバイスしてました。

盛山　今でも私はやっていますよ（笑）

田中　そうか（笑）。私は**席替えを十日に一回ぐらいの頻度**でやってました。

盛山　私は一週間に一回です。

田中　早い（笑）。私の場合はクラス四十人で四人ずつ日直をやっています。それが一回りしたら席替え。だから十日間！

ゴールがわかると、子どもは頑張れるものです。通常の席替えは、いつやるかは大人だけが知っている。もうそろそろしようかなと思っているのは大人だけで、子どもからすれば、これが永遠に続くのかもしれないと感じます。でも、十日とわかっていれば、なんとか頑張ってみようと思えるでしょう。

盛山　思えますね。私のクラスの場合は、子どもの席は縦に6列ありますが、列ごとに給食当番を行っています。月曜日は1列、火曜日は2列、水曜日は3列といった要領です。6列すべて給食当番を行ったら席替えにしています。だから、およそ一週間に1回ということです。

席替えの方法は、**私が決めるときとくじ引きで決めるときを交互**にしています。ただ、このくじ引きは、私が意図的にコントロールできるようにしていますので（子どもたちにはわからないように）、意図的に席替えをしています。

私が決めるときは、基本的には後ろにいた子どもが前へ、前にいた子どもが後ろへといった感じでわかりやすくしています。そして、大切なのは先生がおっしゃるとおり、席替えの目的を伝えることです。「**せっかく出会った仲間の**

ことを少しでも理解するため」という話を丁寧にします。私の想いを伝えるのです。

田中　なるほど。私も席替えのときに言っていました。「十日したら別れるんだから、普段あまり話をしないと思う友達のことを知るのもいいチャンスだよ。十日ぐらいなら頑張れるだろう」と。

盛山　私もしますね。

田中　そういうこと一つ取っても、初任者の人たちはくじでやるか、先生が決めるかのどちらかになってしまう。中間がありません。

盛山　ちょっとしたアイデアですけどね。

田中　みんな真面目なのかな（笑）。私なんか、盛山先生もやっているように意図的に席が決まるようなずるい（？）こともしているからね。最近は、「忙しくて、席替えのアイデアなんか考えられません」とか言う人もいますが、考えることを楽しんでいたら、いろいろなアイデアが湧いてきますよ。

盛山　席替え一つでクラスの雰囲気は変わりますね。子どもたちにとって席替えは楽しみですからね。

子どものトラブルの大半は先生がきっかけ

盛山　危機管理能力とかにもつながりますからね。私は田中先生を見て、そういった察知能力が高まった気がします。だから、**いまでも「何かおかしい」と思ったら、子どもたちと話すし、場合によっては保護者にも連絡します。**

田中　確かに、これをやったら何が起こるかということを考えないといけないかもしれません。以前も、ある小学校の講師として呼ばれたときに「女の子の人間関係がよくなくて大変なんです」と相談を受けたことがありました。それで、先生方と一緒にそのクラスを見ていたら、目の前で事件が起きている。にもかかわらず、誰もそれに気付かないわけです。

盛山　けんかとかですか？

田中　違う。音楽の授業で、四人グループをつくってそれぞれの楽器の音を聞き合うという練習だったんだけど、最初は班の四人で次は横列の四人、とメンバーを入れ替えて聞き合う工夫がなされていました。ところが、先生の指示がうまく伝わっていなくて……。

それで、指示を聞いていなかったある子が、もう一度同じメンバーで聞き合おうとしたら、別の子が「あなた、違うよ！」と言ったのです。すると、言われた子が憮然として、他の子たちとブーブー言っている。「あの子、いつもあいう感じよね」とか言って。

でも、「違う」のは、グループづくりのルールが違うと言っているだけです。つまり、先生の指示の問題なのです。にもかかわらず、言われた子は自分が嫌われたと思ったわけです。

盛山　この瞬間に、先生が気付けるかどうかですね。

田中　そう。私が廊下に出て、「ああいうことが起きているからだよ」と言ったら、先生方は「え？何かありました？」と全く気付いていませんでした。

だから、子どもたちの中でぎくしゃくすることが起きるのが当たり前だと思ってはいけません。このときのきっかけは、大人の指示が通らないから起きているわけです。席替えも同じです。

盛山　席替えでも同じようなことが起きますね。

田中　荷物を運ぶときにも起きますよね。他の席の子にぶつかって、「え？」という顔をする子とか。

盛山　わかります。その問題が起こったのは教師のせいですからね。そのシーンをちゃんと見て、何か言葉をかけて処理できるかどうかで全く違ってきます。この先生はちゃんと見てくれていると思ってもらえます。

田中　教師は、そこにも価値観を感じていないといけないですね。

盛山　気付いていれば、「ごめん、先生の言い方が悪かったね」と収めることができますものね。

田中　そう、「あなたはグループづくりのルールが違うことを教えてあげたかったんだよね」と。このフォローがあるだけで、全く違うでしょう。

盛山　本当はここに大事なことがあるんですけどね。でも、気付かれないことが多い。

田中　子どもが文句を言っていると、「はい、静かにしなさい」となりがちですが、**文句を言っていたら本当は、「休み時間に何かあったの?」といったことを聞いてあげるといいんじゃないかな。**子どもたちの状況の中に変化があったと捉えないといけないのです。

盛山　おっしゃるとおりで、先ほどのキックベースの話でも同じなんです。子どもがこうやって訴えてくるということは、何かあると思わないといけないわけです。そして、その何かがわからない場合、私たち教師は思い込みで決めつけず、子どもに尋ねることが大切だと思います。子ども側に下りるという態度は常に必要になります。

田中　例えば、似たような話を遠足の伝達のときに子どもたちがするでしょう。「明日、雨が降ったら授業の道具を持ってくるんだよ。雨が降らなかったら遠足だからね」と言ったら、子どもが「先生、家を出るときは降っていなくて、途中で降り出したらどうしますか」と聞いてきますよね。

盛山　聞いてきますね。

田中　そのときに大人が「ああ、なるほどね」と言えるか、「そういうことを一つずつ聞くんじゃないの！自分で判断しなさい」と言ってしまうか。

盛山　「時間がないから」と言って相手にしないのはよくないですね。

田中　自分で判断しろと言っておいて、自分で判断したら怒られるんだよ。

盛山　私はこういう質問を聞くといつも「この子、賢いな」とか思いますね。こういう質問にある意味リスペクトの気持ちをもってちゃんと付き合ってあげないといけないなと思います。その**対応の仕方で信頼度が全然変わります**からね。

田中　本当にそうだよね。

盛山　面白いですね。さっきの女の子のグループの場面は、そういう一つ一つの問題に私たちが気付いて、それで言葉をかけられるかで全く違います。

田中　本当は大人にも見えているはずなんです。だって、ブーブー文句を言って、ふてくされて動く子がいるわけですから。そのときに根っこを調べようとしないで、表面をつぶしてしまいがちです。「そういう態度をしてはいけません」とか。そうではなく、**なぜ、そのような態度をとっているのか、根っこを調べたいと思えるようになるといいんだけどね。**

盛山　その理由が何かと、ちゃんと子どもとやりとりをすると面白いですよね。

田中　先生によってはそれを時間の無駄だと思っている節があります。

最近は「子どもの困り方に寄り添う」というキーワードを私が出すと、全国で「子どもの困り方」とか言っている人が現れています。みんなまねをして、あたかも自分が考えついたかのように（笑）。でも、その人たちは、今までそういうものを誤答やつまずきと言っていたのです。それがマイナスのことだと言っていたわけです。机間指導でヒントカードを与えるのは、マイナスのことだったわけでしょ。

盛山　つまずきを嫌うからですよね。つまずかせないためにヒントカードを出す。これまで「つまずき」は、診断と治療の対象と考えていました。再発を防ぐためにどうすればよいかと考えたわけです。明らかに「つまずき」は悪いものでした。でも、新しいことを学ぶときには、それまで学んだ概念の枠組みの中で捉えようとするので、**「つまずき」は素直に考えたことの表れ**と言えます。

それを田中先生は「困り方」と違う言葉で表現された。すばらしいことだと思います。

田中　いえいえ、でも事前にそれを消してしまって表には出ないようにしてきた文化があったでしょう……。個別指導もみんなそうやっていたわけです。「誤答を生かす」というけど、「誤答」と言っていますからね（笑）

盛山　誤りだと断定していますよね。

田中　誤っているかどうかは子どもにはわからないものね。そういう価値観を表面的に捉えてやっている人が多いですが、本質をわかっていないから結局やっているることは一緒なのです。文科省の指導要領のときもそうですが、世の中の人はキーワードで一気に動くけど、根を見ようとしません。子どもの人間関係もそうでしょう。騒いでいたら「ふてくされるな」「騒ぐな」「静かにしろ」と表は消すけど、**表に出てきている病状には原因が必ずあるという発想が必要**なのだと思いますよ。

盛山　ちょっと考えれば、そこに行かなければいけないのですけどね。目に見えないところに大切なものがあり、子ども理解の本質はそこにある。

算数は、見方・考え方を育てる教科です。子どもの内面にあるものを発問等で引き出し、みんなで議論して、そしてまた子どもたちの内面に取り込ませる。子どもの心と頭を開拓するってとても楽しいし、貴いことだと思います。

第２章
子どもと対話を楽しむ授業

本章では授業の達人、田中先生と盛山先生による授業づくりの秘訣を公開します。発問、板書、対話、対応力……。なぜ、そうするのか、その背景までがわかる目から鱗の授業論です。

授業ではもっと浅はかなことをしよう

盛山 今日は、授業づくりをテーマに話をしていければと思っています。

田中 盛山名人と授業の話をするなんて恐れ多いです（笑）

盛山 いやいや、それはこちらの台詞です（笑）

前回、田中先生が筑波に来られた頃の話を少し伺いましたが、私も赴任当初は大変だった記憶があります。

田中 君はサラブレッドだったけどね。最初から馴染んでたよ。

盛山 いやいや……。もちろん、全国算数授業研究会などに参加していたので、筑波小算数部がどんな感じかはなんとなくわかっていました。でも、実際に来てみると野武士感は想像以上でしたね（笑）

その当時も授業を参観に来る研修生（他校の教師）は多くいました。教室の後ろの掲示板にいろいろ貼っていたら、ある先生から「**おまえは、参観者に後ろを向かせる授業をしているのか**」と言われたことがあります。

田中 その先生にその台詞を言ったのは、昔の私だけどね（笑）。でも、私が言ったのは研究会前日のこと。参観している先生方が掲示物の方に目をやるということは授業がつまらないときだからね（笑）

盛山 そうだったんですね（笑）。あのときは、すごいところに来てしまったと思いましたよ。田中先生からもいろいろ言われた記憶があります。

田中 何か言ったっけ？

盛山 田中先生は最初の頃、淡々と自分の仕事をされていて、特に言葉かけはありませんでした。なんとなく見ているよ、くらいな感じです。その後、五月の公開講座（筑波小算数部主催の授業研究会）で私が初めて1年生の子どもたちと授業をしたときのことです。カードに数字を書いて、半数の子たちに見せて、残りの子たちに言葉や式で答えを伝えるという流れでした。数学的には大した成果は出ませんでしたが、子どもたちはわくわくして楽しんだのです。

でも、その授業を見ていた田中先生は、懇親会のときに「**おまえは、こんな**

浅はかなことができるんだな」とおっしゃったんです。いまでも覚えていますが、それは褒め言葉でした。どうやら、私がもっと学者がやるような数学重視の授業をすると思われていたそうで、「子ども中心のこんなことができるんだな」と褒めてもらえたのです。

田中　実は「浅はかなこと」をするって、なかなか勇気が要るんだよ。

この前も若い先生たちの授業の相談を受けましたが、みんな最初からかっこつけてやろうとする。本も読んで、教材も勉強して、授業の流れも綿密に考えているのだけど、でもそれは既に誰かがやっている授業と変わらないわけです。であれば、**若いからこそできる「浅はかなこと」にもっと挑戦した方がいい**とアドバイスしました。

盛山　昔から先生はよく「まずは浅はかなことをやれ」と言っていましたね。

田中　まずは自分で考えたこと、ベテランから見たら一見浅はかに見えるかもしれないけど、自分でちゃんと考えたことを試す勇気をもて、という意味なんですけどね。

盛山　大切なことは、**自分の頭で考えて実行すること**ですね。新しい発想は、自力で考えることからしか生まれません。目の前の子どもを頭に思い浮かべて、自分で教材研究をして挑戦する。先生に「浅はかなこと」と言って褒められたことが私の出発点なのです。

子どもをムキにさせる

盛山　私が授業のことで一つ思ったのが、田中先生の価値観。どういう授業をいい授業と思っているかが最初はわからなかったのです。筑波小に赴任した当初、田中先生は私が失敗したと思う授業のときは「おまえ、あそこでこうやっておけばすごくよかったのにな」とプラスに捉えてくれていて、私がうまくいったと思うときは逆にすごく叱られたりすることがありました。

田中　天下の盛山先生を叱ったりはしませんせん（笑）

盛山　でも、最初は本当にわからなかったんです。一番典型的なのは、わり算のある授業だったのですが、子どもたちが3÷3か3÷1かで議論していたのです。そこで私は、なぜ子どもたちはこんなところで混乱しているんだとテンパっているわけです。

それで授業が終わった後に、田中先生がすぐにやってきて**「これは最高だったな！　混乱していることに価値があった！」**とおっしゃったんです。一人の子がムキになって説明していて、私はほとんど対応できなかったのですが、田中先生は「あの子どもの迫力がいいんだ」と。

根本的に先生は、子どもたちが本気になって夢中になっているシーンをよしとしているんですよね。それにプラスして、数学的に価値があることを見抜くのがすごかった。本質を見ることを教えてくださいましたね。

田中　本気になったり、ムキになるということは、何か理由があるわけでしょう。単純な形式に従うだけではなくて、その本人の中にそう思いたくなる理由があるわけです。それでお互いがぶつかっているわけですから。

盛山　ぶつかっていました。あのときの授業の光景は今でも覚えています。

田中　訴えたいものがそこにあるときは、迫力があるでしょう。

盛山　そうですね。子どもの本気はある意味、美しさを感じるほどです。

田中　その迫力のある子どもの状態は、その子が今一番話題にしてほしいこと、解決してほしいことだから、ここで話をすることに価値があるでしょう。そう考えると、**授業づくりもそして実は保護者からの相談も全部同じ**なんです。

盛山　本当にそうなんですよね。

田中　これは宝ですよ。彼らの中に理由がないぶつかり合いは、意味がないですけどね。「なんでそう思う？」という問いに対して、「たまたまそう思ったから」という程度じゃないわけです、引き下がらないということは。

だから、私はそういった場面が早く起きないかなと、いつも思っています。盛山先生は割とそこは楽しめていると思いますが、多くの先生方はそこから逃げてしまいがちです。

盛山　楽しめないんでしょうね。でも、その気持ちもわからないわけではありません。ねらいとは異なるところで盛り上がることもあります。そのとき、子どもに寄り添うか、それとも切るかを判断しなければなりません。大抵の場合、付き合えないのだと思います。

田中　そうですね。多くの方はなかなかそこに踏み込もうとしないかな。

盛山　もうまずいと思ってしまいますからね。

田中　私なんて、大人相手の講演会とかでも毎回わなを仕掛けています（笑）

盛山　逆に、トラブルを起こそうとしているんですね。

田中　授業でも本当は早くトラブルを起こしたい。もちろん一番ゆとりがあるのは、意図したところで起きるのがいい。だから、よくわなを仕掛けているけど、わなを通過してしまうときがあるんです。

ここもポイント。**そこではないと思ったら、もう私はその仕掛けは諦めます。**よく「先生、あんなに準備しているのに使わないんですか」とか言われますけど、使う必要がなければ全く気になりません。そして全然関係のないところで事件が起きたりします。

盛山　起きますね。そのときが授業の分かれ目です。

田中　「あ、こっちなんだ」と思って（笑）

盛山　即座にそこに付き合って乗り越えて、授業のねらいを深めていくという感じですか。

田中　その発想も私は変えた方がいいと思っています。

例えば今、子どもたちを連れていきたいところ（授業のめあて）があったとします。だけど、意図しないところで事件が起きたら行けなかったりするかもしれません。今日は山小屋に泊まるはずだったけど、途中で雨が降り、霧が出たら終着点を変えなきゃ駄目でしょう。そういうふうに思えるめあてにしておくことが大切だと思います。一般にはめあてがすごく狭いのです。しかも途中の通過点がいくつもある。私は、これは正木先生と一緒にいて学んだことですが、

授業のめあては一言で言えるように「大きく」「広く」構えてます。

盛山　大きくもっているんですか。私はここに来るまでに、いくつかのめあてがあって、今日はここまででいいとか、そうではなくてこちらでいい、というふうにもっているのかと思っていました。

田中　そういう捉え方もありますが、私はこの道筋が細かすぎるのが駄目だと思ってます。もちろん、準備はしていいけど「要するに、ここに行けばいい」と思うようにしているんです。

盛山　広く取っているんですね。

田中　「今日の授業は何がやりたいんだ。一言で言ってみろ」と言われて何が言えるか。正木先生とは、よく廊下ですれ違ったときに、「おまえ、今日は何をや

るんだ」「今日はまずこういうことをやってそれから……」「じゃあ、うまくいかないねと」「なんで?」というようなやりとりを楽しんでいました。つまり、この過程の説明が長いと駄目なんです。そこで、「今日は要するに『そろえる』だけだよ」と言えたら、広めに待つことができるわけです。

盛山 それは単元的なめあてでなく一本の授業内で、ですよね。

田中 ええ。やっぱり45分の中でのことで考えています。

盛山 そう考えると、「見方・考え方」なんですね。

田中 なるほど。「そろえるとは何か」とか、「今日は単位の考えが出ればOK」と構えるのは見方・考え方に絞っていると考えることができるね。

盛山 広く捉えていれば予期せぬことが起きても対応が楽になりますね。

田中 子どもが何か違うことを言っているように聞こえても、やろうとしていることは一緒だと思えるようになる。だから「めあて」「まとめ」を強調される方の中には「めあてを絞る」という言葉を間違って捉えている人が多いように思います。

盛山 狭く捉えているとずれると、それだけでビビってしまいますね。改めて「めあてを絞る」とは、子どもがこういう見方ができればよいとか、こういう考え方ができればよいといった**見方・考え方を絞る**という意味ですね。

極端に言うと、問題解決ができなくても、ねらっている見方・考え方はできていることがあります。見方はあるけれども、途中の計算等の処理が間違っていることもあるからです。

田中　そうです。だから、めあてを大きく、広くもつことは自分にゆとりが生まれるようになります。

板書はいつ行うか

田中　今度は私が聞きたいことがあります。

盛山　なんでしょうか。

田中　板書の仕方です。私は正直言って板書が苦手です（笑）。授業中って子どもの話を聞くのに夢中になってしまって……。

盛山　私は、基本的に子どもが言った瞬間に書きます。「そういうことだね」と言って板書して、書くときは少し間ができるじゃないですか。そのときに子どももノートに写したり、何か考える時間があったりして、書いたことを対象にして議論が始まるというイメージです。

田中 なるほど、いいね。でも、そこには落とし穴もあるかもよ……（笑）

盛山 具体的にどういうことでしょうか。

田中 例えば、発問をするよね。

盛山 します。それから指名して誰かが発言します。このときに「なるほど、こういうことか」と言って板書するのは……。

田中 それだとまだ早いんじゃないかな。

盛山 これが早い？

田中 なぜ早いかというと、私がよく、盛山さんが黒板の方に向いた瞬間、「子どもが動き出すよ」と言うよね。

盛山 よく言われます（笑）。それは子どもの動きをもう少し見てから、ということですか。

田中 なぜ、教師が黒板の方を向くと子どもが動くのだと思う？

盛山　自分の意見とずれてるからでしょうか。その場合、子どもは動きたくなります。友達と話をしたりし始めるでしょうね。

田中　ポイントは二つあると思っています。一つ目は、先生の視線が途切れたときに**不安な子たちが相談を始めている**ということ。そして二つ目は、**一人目の子どもの発言の後に、別の子どもが動くことがある**ということです。

例えば、遠足の連絡をするときにも、一人の子が尋ねると次々と出てくるでしょう。一つのきっかけの反応の後に動き出す子がいるからです。

だから、尋ねた後の一人目の反応のときはまだ背中を向けてはいけないと思うんだよね。「え？でも……」の動きの子たちがいるから、彼らも見てあげないといけないのです。

盛山　でも、聞き続けていると、何を最初に言ってくれたか忘れてしまいません？

田中　そう、そこが私の欠点（笑）。では、どこで書いているのかと思って、過去の自分のＤＶＤを見てみると、一つ気付いたことがありました。

私の場合、やりとりを聞いて一段落するじゃない。そのときに、「**よし、では今のところまで書いておこう**」と板書していました。

盛山　やりとりを再現させるのですね。そして、整理する意味で板書する。ただ、やりとりが一段落すればいいのですが、継続する場合もあります。これは経験的に言うのですが、**やりとりをする思考が活発になるのは、思考をする舞台となる図や式などの板書があるから**なんですね。タイミングが多少ずれても、やはり板書は重要です。

田中　そう、タイミングがちょっとずれているんですね。もっと言うと、それがワンクール分（二、三人の対話分）たまっている。「ちょっと待って、忘れるから。最初は君がこうやって言ったよな？」と言いながら戻していくわけです。

盛山　それは、わざとやっているのですか。「先生、私はそう言っていません。こう言いました」となれば、もう一回復習できるから。

田中　それもいい点だよね。それは次のステップの話で、私が最初に意識していたのは、一人の意見が出たときには、必ずそれに反応して動き出す子がいるということ。「え、でも……」とか「だって……」とか。

盛山　確かにいます。その反応を見逃さないために、板書に慎重になるのは賛成です。

田中　その一連のやりとりが終わってから「じゃあ、ちょっと待って。いったん、ここまで書こう」と言って板書するというわけです。これで5分とか10分という時間における、子ども同士の関わり方を振り返る時間が作れるというよさがあると思うのです。一人目の発言だけで板書するために背を向けると、子どもたちが「でもさ、今の変だと思わない？」と、隣の子と話しているのを聞き逃してしまう。私は後輩の授業を見ていて、いつも先生が背中を向けると動く子がいるなあ、と思っていたんです。

盛山　その点は、いつも先生から指摘されていました。ただ、何年かして思ったことは、やりとりを聞こうとして子どもを見つめると、かえって何も出てこないことがあります。だから、**わざと子どもに背を向けて板書する。そして、耳は子どものつぶやきに集中するという手法**です。

背中を向けているのに、「今、いいことを言った人がいるね」とか「いい疑問が聞こえてきたよ」と話して、振り向いてやりとりをする。子どもの習性を逆に利用して展開するのです。こんな技術は、田中先生に指摘されてからつくったものですが。

田中 どのタイミングで板書するかを考えることで、そんな技術も生まれたのか。先生によっては、無意識にずっと背を向けて板書している人もいますから、こういった議論は大切です。

盛山 板書のときは、視覚は閉じてしまっていますね。

田中 研究者タイプに多いかな。授業参観のときも、ずっと下を向いてメモしているからね。あの方たちは、ほとんど子どもを見ていないもんね。

盛山 全部を書かなければいけないと思い込んでいるのでしょうね。

田中 本当に毎回音声を起こしたかったら、録音・録画しておけばいいし。

盛山 ワンクールという感覚で見て、整理のためにも板書をするわけですね。

田中 全部の場面ではないですよ。授業の中でも中心になるところだけですけどね。どうでもいいところは構いません。

でも私は、目が離せないから子どもたちの方を向いたまま「どういうこと?」と関わってしまいます。その結果、板書ができていないことが多くて……(笑)

だから今、後付けで理論づけていますけど、実は子どもとやりとりしているうちに話がどんどん進んで「おっとっと、書いてねえや。ちょっと待って」とやっているというのが正直なところかな。いずれにせよ、板書は苦手です（笑）

盛山　例えば、三人の子どもに聞いたとします。そのときに先生、三番目に言った子どもの意見を聞いて何か返したくなったりとか、今言った子の言葉を使って次に展開しようとしたり、きっといろいろなことがひらめきますよね。

田中　そういう場合は、いったん止めるかな。

盛山　やっぱり止めるんですね。止めて落ち着かせてから、この三つの意見で……と続けていくんですか。

田中　そうしないと、どんどん落ちていってしまう子が出てくると思うから。たった三人でもひらめきのいい子たちのやりとりに、ついてこられない子がいますから。

盛山　板書していると、子どもたちもノートに書いているので、ちょっと落ち着きますよね。

田中　そうだね、板書にはそういうよさもあるね。でも難しいのは、落ち着かせすぎると今度は流れが途切れるという点もあるよね。だから**加速させるときと沈**

静化させるときを、使い分ける必要があるのかな。特に、授業前半の最初に問題が伝わってからの動き出しは、絶対に聞き逃しては駄目だと思っているので、そこには集中するようにしてます。

そこで絶対にドラマが起こるから。子どもたちは、先生やみんなの前で手を挙げて発表するときは身構えているでしょう。逆に言うと、盛山先生がやっているように、**すっと逃してやるのは一つの手**だと考えることもできるんです。逃すと動くから。

盛山　その感じはわかります。

田中　先生が目をパッと下げたり、違うことをやろうとしたときに、彼らは私たちの隙を見て「でも、あれってこれでもいいんじゃないの？」としゃべっている子が出てくるよね。

盛山　それがわざとできたらなあ、と思うのです。

田中　前半は特にね。

盛山　でも見ていないと、本当に逃してしまうかもしれませんけど。

田中　だから、私は子どもが先生の前でも動けるようにしていくことも意識してました。それがぼけと突っ込み。**最初の二、三言をわざと突っ込みやすくしておくと、私が前を向いていても子どもは自然に反応してくれるようになりますから。**

盛山　子どもが突っ込みやすい先生、または授業は、普段の生活からつくっていかないとできません。休み時間などで子どもとフレンドリーに接することから始めます。もちろん、失礼なこととの区別も教えます。そうしないと、急に算数の授業だけできるわけないですからね。それも自然に。

ぼける練習をする

盛山　私も頑張るのですが、突っ込みやすくする態度とはどんな感じですか。わざと愚かなことを言ってみたり、逆のことを言ってみたり、間違えたことを言ってみたり、いろいろあると思うのですが……。

田中　私の塾生（田中先生主宰の「授業・人」塾）たちもよく聞いてきます。「わざと間違えたりしているんですけど、子どもたちが『わざとらしい』と言う」そうです。「先生、どうせ知っているんでしょう」と。「どうして田中先生とあの子たちはそれが楽しめるんですか」と聞いてくるから、**「君がそのキャラに見えないからだよ」**と答えています（笑）

盛山　それもありますね。

田中　それがすべてだよ。

盛山　すべてですか。

田中　じゃあ、そのキャラはどうやって作るか。なぜ、子どもたちがそのキャラと認めてくれないか。なぜだと思う？　これにもちゃんと理由があるのです。

盛山　やはり日頃の接し方ではないでしょうか。

田中　そうです。日常でそうしてないからです。普段は四角四面だったりしてね。要するに真面目なのです。そういう先生はきっと、帰りの会の連絡のときはぼけていない（笑）。その真面目な態度の人が授業中にぼけても、それはわざとらしいから乗ってくるわけがありません。

盛山　ユーモアですかね。私もよく子どもたちから突っ込まれるのですが、わざと隙を作るような感じです。自分は、そうしているのですが。

田中　そうです。若い先生にも「最初から算数の授業で（ぼけと突っ込みは）やろうとしない方がいい。内容の定着を背負っている君たちには無理だ」と言っています。授業のときは教えたいことがいっぱいあるから待っていられないでしょうからね。子どももその掛け合いの楽しみ方を味わおうとしていません。

盛山　最初はもっと違う時間でやった方がいいということですね。

田中　そう。**まずは授業以外の時間でその掛け合いを練習してみる、いや、楽しんでみる**と言った方がいいかな。例えば、帰りの会の連絡の時間など。ここなら遊べるでしょう。

盛山　そこでちょっとぼけてみればいいんですよね。

田中　例えば、こんな感じです。

「明日は、たこを作るぞ。持ってくるものは竹ひご、それから和紙も要るかな。カッターナイフ、のり、いいかい、覚えた？」

盛山　「はい！」

田中　「じゃあ一番目は？　新聞紙だったね」

盛山　「先生、違います！」

田中　……とやるわけです。今はぼけるのが早かったけど、一、二、くらいまでは正解を言っておいて、三番目の和紙あたりを新聞紙に変えるといい（笑）

盛山　これだと、ぼけ方もわかりやすい。

田中　そうすると子どもが「うん。え？」となります。このときも日常で真面目にやっていた先生のクラスの場合は、子どもたちはきっと「和紙」を消して、「新聞紙」と書き直すでしょう（笑）。自分が間違っていると思うから。

盛山　すごくわかりますね。昔、飛び込みで2年生のかけ算の導入授業をしたことがあるのですが、お団子（アレイ図）を隠して提示して、全部でいくつかを考えさせました。全部で15個と予想させてから、箱のフタを取りました。すると、一番端のお団子がないわけです。14個しかない。だから、3が5個（3×5）と言っていた子どもたちは、今度は14個を並び替えて2が7個（2×7）の形をつくるという展開の授業です。

ところが子どもたちは、私が真剣に図を間違えたと思って、フタの裏にお団子がついているのではないかとか、下に落ちているのではないかと心配して探しに出てきました。ぼけがぼけでなくなって……。でも、心優しい真面目な子

どもたちに感謝でした（笑）

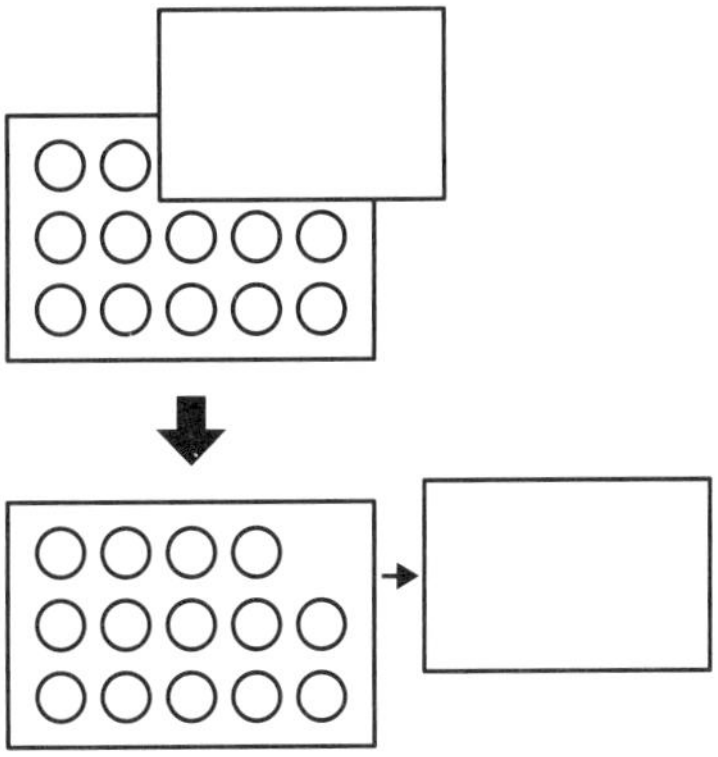

田中　飛び込みだと、そういうこともあるかもね。
　先ほどの連絡の場面の話に戻すけど、子どもが消してしまうようだったら、まだまだ自分はそういうキャラではないと気が付けばいい。ぼけても突っ込めない空気になっているということです。

盛山　でも、もし自分のクラスで「新聞紙」と言ったら、「先生、ぼけたんじゃない？」などと、めちゃくちゃ突っ込まれそうです……。

田中　あなたはいいよ（笑）。でも、先生方から「そうなったときは、どうすればいいんですか」と聞かれたらどうする？　ぼけたのに突っ込んでこない場合は？

盛山　どうするか……。自分で言ってしまうときもあります。

田中　一回ぼけて駄目だった場合。次にもう一回やろうとするとき、何をどう変えますか？

盛山　難しいですね。

田中　**突っ込みやすくしてあげればいい**のです。和紙を新聞紙に変えるぐらいでは駄目だったわけです。

盛山　もっと大きく変える。

田中　そう。三番目に「ケーキ」とか言うんだよ。そうすると「さすがにそれはないな」となります。このパターンで子どもたちは学ぶわけです。

盛山　でも、ケーキと言うのは結構勇気が要りませんか？

田中　大丈夫。明らかに「そんなはずはない」というものを言えばいい。このとき

に大事なのは、子どもの「何ばかなことを言ってんの？」という視線にめげない心（笑）

盛山　でも、基本的にはこういったことが大好きでないと、なかなかできないですよね。

田中　そういうことです（笑）

盛山　そうでない方もいますしね。

田中　ただ、テレビのバラエティ番組を見て楽しめる人であれば、大体できると思いますけどね。芸人さんたちのぼけや突っ込みが面白いと思える感覚があれば、できますよ。だから、私の教師塾では、時には二人組になって帰りの会のぼけ方の練習を遊びでやってみたりしています。

盛山　面白いですね。

田中　二人組になって、「いいかい、何か伝達するんだよ。明日はたこを作るぞ。持ってくるものは、『お酢』『醤油』も要るよな。あと、『箸！』。『先生、たこが違いませんか？』」と、こういうやりとり（笑）

盛山　そっちか（笑）

田中 あとは、先ほどの四つを連絡するけど三つ目を間違えるパターン。このパターンのコツは、翌日も繰り返すこと。**翌日も絶対に三つ目を間違えるようにします。**子どもはそれを待っているから。

慣れてきたら子どもは、「私たちは忙しいんだから早くして」と半ばあきれ気味に、ぼけを待ってくれるようになります。このパターンになると理想的。予防注射が終わったも同然です。

盛山 ここから授業でも使うと。

田中 このリズムを授業のときにやるだけでいい。子どもたちも身構えて、「そこね」と来るわけです。

だから、空気はいくらでも変えられます。ぼけない空間の中で生きてきて自分はそういうキャラではないという人たちも、そういうのを見て楽しむ心があれば大丈夫です。ただ、いきなり本番でやるから失敗するのです。まずは、練習しましょう。一番気軽にできそうな帰りの会とか朝の会。そこも真面目になってしまう人は、お昼休みとか、そういうところで練習していけばいいのです。

子どもとの対話をいかに楽しむことができるかですね。そのために話題づくりで必要ならば私は若い頃から、どんなに忙しくてもブームになったものは一応全部見ています。だから、小学生はもちろん、大学生と話をしても彼らが話題をぽんと振ってきても、「これだろ」と言うと「なんでおじさんがそんなことを知ってるの？」と驚かれます（笑）

盛山　話題についていけますね。

田中　教師だったら、子どもが何に夢中なのかを知ろうとすることは大事でしょう。

盛山　子どもと話ができますからね。

田中　子どもたちとそういう会話ができない先生も多いようですよ。例えば、卒業して中1になった子が遊びに来たとき、雑談がもたない人とかいるようで……。

盛山　雑談を豊かにできる話術は大事ですよね。そこに人間的な魅力が出ます。知識が多く、自分の趣味の話だけしていても駄目ですしね。

田中　よくあるのが、部活の話をして、教科の話をして、生活の話をしたら、「さて、君たちも忙しいだろう」って（笑）

盛山　「ちょっと先生は会議があるから」と（笑）

田中　話すことがないからです。授業中のぼけと突っ込みのやりとりだって、普段してない。説明する内容がなくなったらしゃべれないから。よく似てるかもしれませんね。

協議会も同じ。**協議会で話せない人は、メモしたことしか話しません。**メモしたことを見て「これは言われた。これも言われた、最後にこれ！私に先にしゃべらせて！」となる（笑）

盛山　ありますね（笑）。その場で出た話題で話せないパターンですね。

田中　用意したことしか話せないから、話す内容が今の話題になっていることとは変わってしまう方が多い。

盛山　そのときの話題に入り込んで、その場で考えて対応する。いろいろな意味で力量が必要ですね。

田中　つまり、大人自身が話し合いができていないのです。それなのに、子どもには「話し合いをしろ」「子どもが司会をやるのはいい」とか言うわけです。

盛山　なるほど、そうですね。それにしても、田中先生と正木先生の協議会での話し合いは、笑いが出るけんかのようでしたね。見事でした。

田中　いやいや。でもあのときも、バアッと盛り上げておいて、ストンと笑いを入れていましたね。

協議会を面白くするコツ

盛山　私がそのことを感じたのは、かつて全国算数授業研究会で坪田（耕三）先生が、翌日にまた授業をするといったときの協議会です。

このとき、田中先生がわざと図を黒板から落とすぼけを入れて気付かせるといった意見を言っていたんです。それがとても面白かった。会場も大爆笑で。算数の世界なのに、こういうぼけがあって、子どもに気付かせたら楽しいだろうなと思ったのです。算数って面白いな、ユーモアがあるなと。

田中　協議会での空気を変えるのは、なかなか難しいものです。私が来た後の人たちは楽だったはずです（笑）。もう空気が変わっているから。私が最初に筑波小に来たときの雰囲気はもうすごかったから。

盛山　真面目だったんですか。

田中　うん。だって、算数の研究室なんてごみ一つなかったから。個々の机があるのだけど、その上には何も置いてはいけなくて、通称滑走路と呼ばれていた（笑）。本棚でさえも置いてはいけないという文化でした。

盛山　真面目ですね。今では考えられない（笑）

田中　本当に真面目な世界だったのです。赴任当初、私が「なぜ置かないんですか。不便じゃないんですか」と言ったら、「後ろにあれだけの本棚があるんだからそっちに入れろ。ここは駄目だ」と言われ、最初の一ヶ月くらいは私も静かにしていました。

でも、そのうち本を持ってきて、授業をする準備で机の上に置いている人がいたので、「これはいいんですか」と尋ねたら、「まあ、これくらいならいいだろう」となって、それからなし崩し的に増えていって、いつの間にか私が机の上にブックスタンドを置いたんだ（笑）

盛山　少しずつ慣れてもらう感じですね（笑）

田中　崩れるのが一番早かったのは坪田先生でしたね（笑）。「そうだよな。（何も置かないなんて）おかしいよな。私もずっと不便だと思ってたんだ」と言って。そこから志水（廣）先生も「じゃあ、私も置く」と。でも、しばらくしたら研究会が開催されて、算数部のOBも来るわけですよ。

盛山　厳しい先生もいたでしょうね。

田中　OBが部室に来る直前、正木先生が「滑走路！」と叫んでね。みんなでテーブルの上を片付けてた（笑）。もう、OBが来るたびに合言葉は「滑走路！」（笑）。でも、これはこれで面白かったですね。楽しんでいました。

盛山　そういう仲の良さが日常にあるから協議会で激しく議論できていたんですね。互いに授業を見せ合って協議会で仲間内でけんかになるくらい言い合う筑波の研究会は当時珍しかったかもしれませんね。これは筑波小が初めてなんですか。

田中　私にとっての原点は、高知県でやっていた高知セミナー（筑波小算数部の先生全員がそれぞれ授業をして見合うセミナー）だったと思います。身内同士で、それこそ手島（勝朗）先生VS正木先生のような対決授業がよく行われていました。これが今の授業研のもとになり、そこに当時学芸大学附属世田谷小だった中村（享史）先生や高橋昭彦先生たちが加わってきて今の全国算数授業研究会の輪が広がっていきました。発起人は亡くなられた手島先生ですね。

盛山　そこからの伝統ですね。私がよく覚えているのは、正木先生と田中先生です。

このお二人が、ガーッとやり合う。中に何人いても関係ない感じでしたね（笑）

田中　そこに坪田先生がいて穏やかに、「まあまあ、そう言わずに」と言って調和してくれましたね（笑）

盛山　坪田先生は、坪田先生らしくユーモアをもって参戦されていましたね。すごく楽しかったです。

田中　あれができたのは、みんな日常的によく議論していたからです。特に手島先生と正木先生は飲むときにも大激論していたから（笑）。だからよかったのかな。日常を知っている人間からしたら、ステージの上で見るものは五割ぐらいの迫力だから（笑）

盛山　そうですか。手島先生と正木先生のけんかは見たことがなかったですね。

田中　私と正木さんのトークをみんなが楽しんで見ていたのも同じです。**私と正木先生は毎晩飲んで大激論してたから。**それで、いつも夏坂（哲志）先生が真ん中にいて。

盛山　「おまえはどう思う？」と。

田中　そうそう（笑）。夏坂先生に「おまえはどちらにつく？」とよく聞いていた。

そうすると彼は「両方の意見がいいと思います」とか言うから、「だから、おまえは駄目なんだ」と言って（笑）。だから、ステージの上で私と正木さんがやっているのは、実は普段の八割くらいの迫力だから笑いが取れるわけです。

盛山　笑いが取れますね。落語のようにオチがあって、本当に議論が芸術のようでした。

田中　ステージの上だけで全力で戦うのだったら、たぶんみんな引くと思う。

盛山　引きますね。お二人のやり合いはどこかにユーモアがあるんですよ。

田中　ステージだけの付き合いでやってしまうと、聴衆は引いてしまうのに一時期、私たちのやり方を見て、まねしてやっている研究会が増えたときがありました。

盛山　ただ、そこだけをまねしてもできないんですけどね。

田中　協議会では、ただきついことを言った方がいい、という文化になっていた。

盛山　一時期は私もそう思っていましたもの。でも、違うんですよ。

田中　だから私は、ある研究会で講師として呼ばれたとき、みんなが授業者に散々厳しいことを言った後で、私だけがべた褒めしたことがある。授業者は「先生に褒められた！」と言って泣いてました。みんな、「そりゃないよ」って顔し

てたけど（笑）

でも、**協議会では本当は自分が感じた素直な意見を言うべきであって、無理に厳しい意見を言う必要はない**と思うんだけどね。

盛山　そこですよね。何か知識をひけらかすのでもなく、素直に意見するのが一番効きますね。私は数年前、協議会で新卒の先生に「すみません。結局、この授業は子どもにどんな力をつけたのでしょうか？」と質問されたことが一番心に残りました。素直にそう思われたのでしょうね。私は、その部分が弱い、わかりづらいということと思い、反省したわけです。

田中　大切なことは、大人も子どもも素直になることだね。無理をして言った意見は嫌な空気しか伝わらないですしね。言った本人に「今日の授業で本当にそれが駄目だと思っている？」と言ったら、どう答えるのか。

盛山　「いや……」となるでしょうね。

田中　そういうことです。大人も子どもも自然体にならないと。授業のときもそうですよね。子どもたちには「もっと自然にしゃべっていいよ」と言っておきながら、大人が自然体になれていない。

盛山　いつも先生は、そういう思考を指摘してくれます。子どもに自然を求めているのに教師が自然ではないんじゃないかという発想は、私はいつもその通りだなと思いますね。

田中　**問題解決で対話をするときは、相手と対等の目線になることが大切**だと思っているからです。

盛山　大人同士だけでなく、子どもに対してもそうですよね。それが本当の対話ということになります。

田中　もちろん。子どもたちが私に何か意見を言ったときも、なるほどと思うことはたくさんあります。だから、彼らの話で私の方が変えた方がいいなと思ったのです。あるときから私のスタートは、ちょっと未熟なことをわざと言って子どもたちがどのように修正してくるのかを待ってみる。先生が先に、自分のすごさを出そうとすると待てないからね。

盛山　言葉遣いもなるべくタメ口で、上の人だろうが子どもであろうが、あまり変わらないですもんね。

田中　そんなときもあるけど、それはあまりまねしない方がいいけどね（笑）

盛山　そうですけど、気持ちは、そういうことなんだなというのはわかります。

予期せぬところをあえて作る

盛山　田中先生は、公開授業の前にはシミュレーションはするんですか。

田中　若い頃はたくさんしていました。当時の高知セミナーでは、毎晩一人言の渦でした（笑）

盛山　台詞は書きますか。**私は結構書いていましたけど。**

田中　書くよりも**頭の中でずっとやっている感じ**かな。だから前日の夜は、寝たのか寝ていないのかわからなくなるくらい、ずっとやっていました。

盛山　私もそれはやります。朝起きても、寝ながらずっとシミュレーションをしますよね。

田中　当時の高知セミナーは部屋が二人一組だったんです。そうすると隣に夏坂先生や志水先生がいるわけです。で、呟いているのが私だけかと思ってたら、志水先生も一人でブツブツ呟いていました（笑）。みんな、やるんだと思ってね。

盛山　高知セミナーはプレッシャーがすごいですからね。

田中　算数部全員が見ている中で、一人ずつが順に授業するわけですから。

盛山　力比べみたいな感じでしたね。

田中　今みたいに、誰がやるか振り分けたりしているのは楽だよね（笑）。だって、協議会で意見を言うときに自分が斬られることはないですから。

盛山　全員が授業をするのだと次は自分も斬られるとわかっていて、あえて言わなければいけない。

田中　うん、若い頃はいろいろな場面を想定して毎回変えながらやってました。先生はシミュレーションを何通りも考えていきますか。

盛山　私もそうですね。板書を想定して書いて、言葉でストーリーを順に書いて、そうしているうちにここがポイントという部分が見えてきます。ポイントが絞れてくるんですね。

授業展開を何度も考えることによって、**少しずつ本質が見えてきて単純化されていく感じ**です。

田中　ただ、最近は**この場面でこれが出なかったらどうするかとか、大きく分けて**

分岐点を意識するだけにしてきました。

盛山　私もどちらかというと、ここで出なかったらどうしよう、と最低を想像します。想像するだけでなく、その対応も考えておきます。でも、「そろえるが出ればいいな」とか、自分の中での納得をきちんと作っておきますね。

田中　これは今まであまり言っていませんでしたが、私は実は**一箇所だけ、予期せぬことが出てくることを許せる場所を作っていました。**ここは出てきても扱う、ここは切る、というふうに。

盛山　私もそれはわかります。予想外とのお付き合いは、主に後半ですよね。面白いのですが、問題解決の方法として取り扱うのはよいと思います。ただ、課題自体を変更するような予想外は大変です。

田中　昔は前半15分は切っていました。できるだけ早くメイン広場に連れていく、というふうにやっていました。そうすると前半は予定通りに流れます。これだと中盤から混乱していってもそれなりに目的が達成できます。

盛山　中盤以降は予期せぬものは受け入れるために前半は切っていくという想定ですよね。

田中　そう。ところが、その中盤以降で予期せぬものを受け入れ始めてからが盛り上がるのですが、時間が足りなくなるわけです。そこで最近は、**スタートからいきなり主題に入る**ようにしていました。つまり、前振りをあまりやらなくなったんです。

盛山　最近とは引退されてからですか。

田中　退職する十年前くらいからかな。すぐに本題に入っていく。かつてはゲームをやって、トラブルを起こして……というドラマを作ってでき上がるのを待っていましたが、それをやめてスタートから直で問題に入ったのです。その典型が「200÷0.5の式を認めるかどうか」という授業です。

盛山　スタートから問題ですね。

田中　この問題を書いて式まで書くよね。「200÷0.5」と板書して、「この問題は『200÷0.5』という式で出すんだって。ところで君たちは、この方法を本当に納得して使っているかな？」から始まります。

盛山　この主発問も普通はないですよね。本来なら式を考えさせるのが普通なのに、式を固定してしまう。さらに式の理由を考えさせるのではなく、「納得して使っているかな?」は特別な主発問ですね。

田中　そうすると、実はみんなが納得していなかったりしていることがわかるんです。「その式は本当は気持ち悪い」だとか（授業ＤＶＤ参考・内田洋行「200÷0.5という式でいいの?」）。

盛山　なるほど。純小数でわる意味を追究するために、子どもの素直な感覚からスタートするわけですね。本題から入ると、時間的にゆとりが生まれ、子どもの言葉にしっかり耳を傾けることができます。

田中　そういうふうにしたらスタートからそこに行っているので、じっくり時間がかけられるのです。

盛山　その方がいいですね。でも、怖くないですか。下手をしたらすぐに授業が終わってしまう可能性もあるので。

田中　みんな早く終わると思っていますけど、そんなことはありません。いろいろな先生に言っていますが、前振りから授業を伸ばして伸ばしてっていうのは、金箔みたいな授業なんです（笑）

盛山　私も先生に言われたことがありますよ（笑）。金箔みたいな授業とは、たとえが最高です。

田中　伸ばしておいて、「このぐらいからだったら急に終わっても大丈夫だな」と入れてしまいますが、そこから盛り上がっても続きは二時間目とかになってしまう。

盛山　なりますね。だから、私も**できるだけシンプルな授業にしよう**と心がけています。展開が２段階、３段階とある授業ではなく、本題にすっと入ってそこで多くの議論ができる授業です。ねらいもシンプルにわかりやすい方がいいですね。

田中　シンプルを楽しめるようになるには何が必要だと思いますか。

盛山　子どもの声をうまく拾えるようになることと、教材の本質が段々と見抜けるようになってくることでしょうか。

田中　教材の本質が見抜けるようになったということは、**教材研究力が深まらないと駄目**ということになりますけど、まずは子どもの声を生かそうとする構えだけでもいいんじゃないかな。

盛山　そうですね。子どもの声を生かせるのは、学級経営も絡んでいますが、シンプルな話題だと子どもたちが自分たちで意見をどんどんかぶせていって、教材を発展させていくようになるイメージですね。

田中　そう考えると見せたいものが変わってきますよね。昔は教師が「自分の教材研究のすごさを見てくれ」というように、自分を見せたかった部分が大きかった。

　ところが、子どもたちと授業をしていると私のすごさなんか、こんなちっぽけだと気付くわけです。**「そんなことより、子どもたちを見てよ」**と思えるようになると、彼らが思いきり動き回れる教材に変えていくわけです。例えば、先ほどの200÷0.5の授業のよさは、自分のクラスの子どもたちとでないと私はできないと思っています。飛び込みでもできる授業と、やはり継続して育ててきたクラスでないとできない授業があるということですね。

盛山　そうですね。たまに「筑波の子だからできる授業」という見方をされる方がいますが、**継続的に育ててきた子どもたちだからこそできる授業を見ていただいているの**です。その子どもたちの姿こそ見ていただきたいですし、ここに至るまでのプロセスは、研究の対象として価値があると思います。

第３章
子どもが変わる接し方

第1章に続いて、再び子どもとの接し方について。個性の強い子どもとの付き合い方や自分自身の成長のさせ方、そして、二人が得意にしていた劇指導について話していただきました。クラスをまとめるコツが詰まっています。

子どもの個性の生かし方

盛山　子どもとの接し方のことで前回も伺いましたが、もう少し先生に聞きたいことがあります。

田中　悩みが深いね（笑）。なんでしょうか。

盛山　私が得意とするのは、いろいろな子どもたちの個性があってそれをなるべく共感したり受け入れたりすることです。一方で悩みもあって、それは個性によっては他の人たちにとって、気持ちよくないものもあります。

例えば、承認欲求が強すぎてややわがままな子。場をしきりたがったり、自我を出し過ぎてしまう子どもたちです。そういった子たちをどちらかというと、自分は無条件に受け入れてきたところがあります。そして、他の子たちにもそういった子どもたちを受け入れるように求めてきたことがありました。
でも、その子たちが中学校に行ったり、学校以外の場面になったりすると、煙たがられたり、除け者にされて輝けなかったりするのです。そのような姿を見ると、もう少し厳しく導くべきだったと思います。このあたりを田中先生はどう考えているのか、伺ってみたかったのです。

田中　なるほどね。**多くの人がみんな勘違いしているかなと思うのだけど、個性を生かすとは、そのままにすることだと思っているのかなと。**もちろん、そのままで生きていけるのであればそれで構いません。先生とその子どもたちの関係だけの空間、われわれでいう三年間（筑波小はクラスが三年間の持ち上がり）はいいでしょう。でも、いずれそうじゃない世界に旅立っていくわけですよね。

盛山　そうです。

田中　だから、いずれ旅立った後でも生きていけるようにするための練習をするという発想がいるんじゃないかな、と。私は特別支援の先生方にも言うのですが、特別支援の授業を見に行くと、先生たちがいろいろなものを全部準備しがちですよね。子どもは座って待っているだけという場面もよく見ます。

私が「なぜ、子どもたち自身に取りに行かせないのですか」と尋ねたら、「時間がかかるから」と返ってきました。でも、本当はそれが勉強なのではないでしょうか。**自分に必要なものを考え、準備すること自体が、彼らが独り立ちするために大切な勉強の一つ**です。

だから私は、材料もわざとバラバラに置いておこう、と言いました。それらをちゃんと集められるかに時間を使いましょう、と。

盛山　課題に向き合い、そこをちゃんと鍛えないといけないということですね。ただ私は、課題をもつその子ども自身を受け入れ、リスペクトする気持ちがまずは大切で、その上で課題に向き合わせるという段階があるように感じています。

田中　ええ、そうですね。先日も浮きこぼれの子のことである雑誌に原稿を書きました。「浮きこぼれ」とは、いわゆる「できる子」と言われているタイプで、それ故に文字通り「浮いて」しまっている子たち。でも、必ずしも彼らがよく理解しているわけではないことも多いのです。また、自分を優秀だと思っているが故についい友達のことを下に見たり、「みんなには、私の言っていることはわからない」とまわりを蔑みがちです。

盛山　でも、先生のクラスの子たちは、みんな活躍していますよね。卒業してからも、筑波小の水泳学校とかにコーチで来てくれたり。どういうふうに接してきたのですか。いいものは残して、変えるべきところは変えていったのですか。

田中　そうですね、例えば、自分の主張ばかりしてまわりを下に見がちな子の場合は、確かにその子の考えはすごいのですが、他の子にあまり伝わっていないことを意識させてました。

でも実は、これって一般社会でもよく見る光景です。若い優秀な社員たちが企画のプレゼンをしたら、上司が「いやあ、それは……」と否定的になったりする。そのことに対して若い社員は「上司は能力がないから、自分の企画のよさがわからないんだ」とふてくされているのと似ていると思いませんか。

この子たちに共通して足りないのは、「**伝える力**」。つまり伝え方が下手なんです。だから、私は授業の後とかにそのタイプの子にも言うわけです。

「君の考えは確かにすごい。でもね、今のところそれがみんなには伝わっていない。先生はよくわかったけど、友達はわかっていない。いいかい、君だって自分のすごさをわかってもらいたいだろう？ 他の子たちだって、一生懸命聞いている。この教室で伝わらなかったら、君が大きくなって社会に出ていろいろな人間と一緒に仕事をするときに同じ思いをすることになると思うよ。だから、説明のときにも相手によって『この例だったらわかるかな』と、相手が納得する例を探す練習をしてみよう」

そう言って、**相手のわかり方に合った例を挙げる練習を意識させていました。**なので、そういった子が黒板の前に来て発表するときに、私と目が合って私が「その例はちょっと……」と言うと、「だったら、これは？」と例を変えてくれるんです。そうすると他の子たちから「ああ、それならわかる！」と言うときがあるのです。すると、説明役の子も「これなら伝わるのか」と喜ぶわけです。

そして、時間をおいて廊下などですれ違ったときに「この前の説明はよくわかった。あの例は私では思いつかないな」と褒めてあげてました。

間接的なたとえで子どもに気付かせる

盛山　なるほど。表現力を鍛えるのですね。私もかつて、同じようなタイプの子を受けもったことがありました。委員長にも立候補するような賢い子なのですが、ちょっと自己中心的な言動があって、それが自分でわかっていません。それが原因で他の子からも敬遠されていて、票も集まらない……。

田中　そういうときは、間に立つ人間が必要かもしれませんね。他の担任のクラスが崩れかけたとき、私が間に入っていったことがあるように。そのときに私が何をするかというと、子どもと担任、互いの気配りなども伝えるのです。お互いが歩み寄れるように、ちょっとずつ伝える仲介役になるわけです。**恋愛関係を取りもつのと一緒**ですね（笑）

盛山　仲介の先生に、こじれた部分をほどいてもらうのですね。本校のように、専科制の学校ですとそれはやりやすいわけです。実際、その子が好きな音楽の先生に、私から状況を伝えて話をしてもらったことがあります。ただ、下手をすると音楽の先生のところに居場所を見つけてそこに入り浸ってしまうこともあるので、**連携する教員と目的を確認して進めることが大切**だと思います。

田中　そう。あとは、間接的な表現で伝えたりね。
以前、私も同じような子を受け持ったことがありました。とても気の強い女の子で、リーダーになれないならクラスの活動にも参加しないというような……。自分を認めてくれない他の子が悪い、先生が悪いと思ってしまう。

そのときにまず私が取った行動は、まずはその子と仲良くなることでした。この段階ではまだ指導はしません。でも、**クラスの話し合いの後の休み時間は必ず、その子のそばにいました。**話し合い等でその子が反発したときは、その直後は絶対に離れないようにしていました。ここで離れないでその子の弱音も聞けるといいかなと。

話し合いの直後は、他の子たちがいないことが多いでしょ。休み時間になれば、みんな遊んでいますから。そんなときに、私はその子のことをずっと観察していました。そして、その子が一人になったときにすっとそばに行く。よく、子どもたちから「ひろせん（田中先生の愛称）は、よく偶然（近くに）いるよね」と言うけど偶然じゃないのです（笑）

一人になると、その子がどういうタイプなのかがわかります。全く何も気にせず別のことを始めたり友達と遊びに行くタイプなのか、一人こもって落ち込むタイプなのか。前者であれば、何を話しかけてもまだ無理です。とんがっているときは、何を話しかけてもまだ駄目かな。本人にその気がないから。

しかし、後者であれば変わってきます。つまり弱音を吐いたり落ち込むということは、悔しい思いを味わっているということ。このように、その子が一歩引いている状態であれば入れるチャンスがありますから。

盛山　その子と仲良くなるとか、個人的な結びつきを強くするといったことは私もよく行うのですが、問題はそこからですね。どのように子どもの変容を促す指導をするのかが難しいと思います。子どもとの関係をつくったときに、「実はあなたのこういうところがよくないと思うから」と伝えるのですか。

田中　いや、「あなた」というように、本人に背負わせるのだと受け入れにくいかもしれないよ。

盛山　そうですよね。私は、**主語をあなたから私にして「私は○○のように感じるんだけど、どう思う?」というような言い方**をすることがあります。

田中　私は、「先輩」や「他の子」で似ている例をこのとき語ることにしていました。別の子の苦悩の話を聞かせて、本人が自分と似てると感じてくれるのを待ちます。するとと素直になれるから。

大事なのはその後。**本人が気付いたかなと思ったら、すぐに引いた方がいい**ということかな。あとは自分で自分を振り返るから。授業と一緒ですね。相手が動き出すきっかけをつくってあげるのが私たちの仕事かな。本当にちょっとだけですけどね。少しだけ我慢しようとしたり……。そのときを見ておきましょう。

私は**変えたいと思った子が頑張るときは、ずっとその子だけを見ていました。**一週間とかずっと気になった子の変化を追っていたこともある。こうして一人に接していくと、実は他の子にも派生していきます。その様子を見ている子どもたちもわかるのです。ひろせんは、この子をなんとかみんなの中に戻したいと思っているんだな、ということが伝わるわけです。そうすると、次第にクラスのみんなも協力体制になってくれますよ。

盛山　私の場合は、**素直に話せる関係になってから、一緒に課題をつくる**ことにしていました。その子も何か友達との関係などでうまくいっていないことには気付いていますから、具体的な課題をつくるようにするのです。

例えば、「今日の総合の時間にグループごとに話し合いの時間を取るので、自分のやりたいことを主張するだけでなく、友達のやりたいことを尊重するように心がけてみよう」といった課題です。

こうして一時間ごと、一日ごとというように、具体的で取り組みやすい形をとること。そして、田中先生と同じで、その子のことをしっかり見てあげるようにします。うまくできているようだったら、「うまく声をかけられていたね」などと、必ず声をかけることが大切です。

ところで、田中先生はそのときに全体の前で話したりはしないのですか。

田中　それは私はあまり好きじゃない（笑）。その子どもには絶対、恥をかかせてはいけないと思うから、よく学級会でいじめを取り上げて話し合いをさせている先生がいますが、私はあの空気が好きじゃない。それでは子どもが素直になれないと思うから。大人と一緒でやはり本人が変わりたいと思わないと変わりません。

盛山　かつて田中学級の卒業式の後で、一人の子が田中先生をずっと待っていたことを思い出しました。田中先生のおかげで自分を変えることができて、感謝の言葉を伝えるために暗くなってもずっと学校の前で待っていたと。

田中 あったね。私が別の用事で出ていくのが遅くなったんだけど、ずっと私のことを待っててくれた。子どもたちにもちゃんと伝わるんだと思う。

盛山 今の話を伺うと、相当に気遣いをして一人の子どもの考えをちょっとずつ変えようという形なんですね。

田中 私自身の能力からしても、一気に大勢をやろうとするのは無理だから、大勢に平等にやっても一人ずつへの投げかける言葉は小さいでしょ。それだと変化も小さいので、事件はそのまま続くでしょう。

盛山 一年間でクラス替えがある公立だったら、なおさらつらいでしょうね。

田中 だから私はこの子って決めたら、まずはその子から入ります。ただし、**若い先生には、最初から一番気になる子に取り組むのではなく、まずは三番目くらいの子から変えていこうと伝えています。**というのも、こうした子どもへの対応力も、経験値が少ない先生は、自分の中で練習する時間が必要だからです。

盛山 田中先生はよく「私は怖がられてもいい」と言っていましたが、それは先ほどの子たちを厳しく指導しているからかなと思ったのですが違いましたね。

田中 「ここに踏み込んだらこの先生は怖い」と思わせるわかりやすい線を教える

だけですね。

盛山　それは一定ですか？

田中　一定の方がいいと思います。かつてクラスの子どもたちと合宿したとき、一人の子が足をくじいたことがありました。同僚の先生がその子を背負ってくれたのですが、その間ずっとその子は、いかに私のクラスが変わっていったのかを延々話していたそうです（笑）

その子が言うには「私たちが、ひろせんから教えられたことは、このクラスでは友達を大事にさえしていれば、あとは何を企画しても自由ということだった。逆に、友達を大事にしないとあの人は鬼神になる」と（笑）

盛山　その子の気持ち、わかります（笑）

私は二十代の頃は、優しくすることが第一でした。それしか知らなかったので何でも受け入れていました。受容と共感をモットーにしていました。でも、そうすると秩序が弱くなったり、子どもを変えることができなかったりするので悩んでいました。同じような思いをしている若い先生もたくさんいるのではないでしょうか。

自身の行動を定期的にチェックする

田中　どこかで、先生のそのラインを教えなければいけないでしょうね。最近はベテランの先生たちのクラスの方が崩れていくパターンが多いので、ベテランでも伝え方は難しいようですね。

実はベテランの方がやっかいだったりします。自分の指導や子どもとの接し方に疑問を抱いて、自分で修正しようと思えている人は大丈夫ですが、ベテランの先生方の多くは自分の方法に自信をもっていることが多いので。指導法を確立してしまうと、人はなかなか自分を疑いません。だからクラスが崩れたとき、よく言いますよね。「子どもが変わった」「親が変わった」と。

でも、**子どもや親が変わったのなら、「自分も変わらないといけない」**と思いますよ。昔の方法が通用しないことを自覚しないとね。

盛山　確かに、昔ながらの学級経営をしている先生は多いかもしれません。自分のやり方を押し通そうとするあまり、子どもが話を聞いてくれなくなっているようです。問題はどう変わるかですよね。

田中　「自分が変わらないといけない」と言いましたけど、そのためには「では、どうやって変わればいいのか」を考えることが必要になります。

確かに変わらなければいけないとは思っている。でも、どう変わればいいのかわからない。さあ、この悩みをどうする？

盛山　一般に、変えることは難しいですよね。私は筑波小に来て人間として大きく変わった気がします。それは変えようとして変わったわけではなく、算数部の先輩の姿を見て、こんな先生になりたいとか、こんな授業をやりたいという憧れを抱いて日々努力をしてきました。そして、気が付いたら変身している自分がいた感じでした。

田中　そう、変えるのではないのです。大人も子どももどう変わればいいかの前に、盛山さんが憧れを抱いたように、どう変わりたいかと思っているのかを知ることです。実は『子どもが変わる接し方』といういい本があります（笑）

子ども「を」変えるのか、子ども「が」変わるのかです。私はこの一文字の違いが大きいと思っています。つまり、どうすれば、その子がその気になるか。そもそも本人は変わりたいと思っているのか、ですね。それを探りましょう。

盛山　先生の話を聞いていてイギリスのことわざを思い出しました。日本語で「馬を水辺に連れて行けても水を飲ますことはできない」というものです。これは、まわりの人が様々な機会を与えて支援することはできても、最終的にそれを実行するかどうかは本人のやる気次第、という意味です。

この気持ちを探るためには、カウンセリングが必要だと思うのですが、それは一対一で話すのですか？

田中　そうするときもあります。このとき、私からは絶対に答えを言いません。大人のときも管理職がやっているのは、職員を変えようとしています。自分は方針を変えられないので、みんなを変えようとしている。だけど、一方で指導する側も相手の状況によって変わる気があるかどうかです。

子どもも同じ。彼らが変わりたいと思っているかどうか。それをまず調べないといけません。子どもたちに変化を促したいという一方的な押しつけではなく、子どもたちがどう変わりたいかを聞かないとね。

逆に「今のままでいい」という時間があってもいいぐらい。それは子どもにも言います。「別に変わらなくたって構わない。だって、私はこの後卒業した後もずっと君たちのそばにいるわけじゃないから。自分にとって大切なことはやはり自分で考えないとね」と。でも変わらなければ、まわりも変わらないからずっと同じことに悩むことになる。

盛山　そういう対話を子どもとすること自体が大切ですね。

田中　ただし、そのとき大人の価値観を最初からにじませすぎるとよくありません。「あ、先生、結局は私に我慢しろと言ってるんだな」と思わせてしまうと、答えを押しつけていることと同じになってしまいます。

親も含め、子どもの側にいる多くの大人はそうやって接してきていることが多いかな。自分の方の色に変えさせようとするのです。もちろん、その熱い指導も時にはあった方がいい。私も行事などでは、熱く語っていましたからね。でも、子どもたちの性格的なことは、本人が変わりたいと思っていないとなかなか変えられません。

盛山　微妙なところですね……。できれば、環境を整えて「変えよう」という気持ちを引き出してあげたいところです。

田中　これは大人の教育でも同じです。例えば、スクールリーダー教育で、人のせいにばかりする教師をどうやって変化させるか。学級経営でプイッとなっている子どもたちを変えるのと実は全く同じだと思います。

担任時代にうまくやっていた人は、管理職になっても大丈夫でしょう。学級経営で練習しているからです。ところが、学級担任時代に反発されたりクラスが崩れたりしている人は学校経営でも同じようになります。何の嵐も起こさせないようにして、管理だけをしてきた人は、校長になっても管理だけするようになりますからね（笑）

盛山　一つは仲良くじゃないけど、**子どもと心の交流ができるようになってからどうやって変えていくか。**本当にさりげなく、なんですね。私は、田中先生はもっとズバッと言っているのかと思っていました。

田中　そんなにきつくは言わないよ（笑）。本当に気心が知れた仲間のときには言いますけどね。あと、これは変だなと思ったときは管理職の方にだってビシッと言います。

例えば、授業のときには、子どもの主体を大事にするとか、子どもの個別最適が必要と言っておいて、先生方に対してはスタンダードで一律に育てようと

していうような方には厳しく言います（笑）

盛山　学級でも学校でも全く同じですよね。変えようと思って、ちゃんとずっと見ているかどうか。学級経営で身に付けた力はいずれ学校経営にもつながるんですね。

劇づくりの効果

田中　今度は私が盛山先生に聞いてもいい？

　盛山先生の劇づくりについてです。盛山先生の劇づくりがすごくうまくなっていて、どうしてそこまで変わったのかが聞きたい（筑波小は、各クラスで劇指導があり、1〜3年のうちに二度、4〜6年のうちに一度の発表会がある）。

　もともと劇が好きだったのもあるだろうけど。他の先生も熱心にやっていますが、盛山先生ほど変化しない。何がその原動力なんでしょうか。

盛山　お手本を見たからです。筑波小に来て、田中先生の劇を見たからです。前任校ではクラスではなく学年で一つの劇をつくっていたため、私も子どもたちも役割が少なかったところがあります。でも、筑波小では一クラスで一つの劇だったので、やりがいがありました。そして、何より田中先生の劇を見たときに、本当に目から鱗というか、これはすごいなと思ったことが大きいですね。

田中　褒めていただき光栄ですが、今ではすっかり追い越されています（笑）。ただ、筑波小内でも劇に対する価値観が低い先生も昔は多かった。教科教育の研究の場で、劇など特別活動はあまり重視されませんでした。

盛山　昔はそうだったのでしょうね。私が赴任した頃は、そうは映りませんでした。とても価値が置かれているように見えました。算数部室で、みんな劇についてすごく話し合いをしていましたから。何より、子どもたちのいきいきとした様子がとてもよかった。

田中　他教科の部では、そうではなかったけど（笑）。あの時間に子どもが育つと思っていない先生が多かったですが、実はそうじゃない。**あの時間に、子どもはちゃんと育つ**のです。

盛山　ええ。劇で全然学級が変わります。

田中　盛山先生は、何の変化を期待していましたか？

盛山　クラスがひとつになりますね。**一人ひとりの子どもたち、普段授業で拾えなかった子どもたちも役割を与え、その役割を全身全霊で行うことを教えると、見事に活性化します。**舞台というのは、そういう力があるのだと考えています。そういったいきいきとした様子が全体に波及して、クラスがひとつにまとまります。

田中　私は、劇にも仕掛けを入れていました。私は実は、あの中で子どもたちにいろいろな疑似体験をさせています。

例えば、台本がないことでどれくらいできるかを試したことがあります。あるいは、**後半の主役が、その場の流れで変わる**というのを試したこともあります。後半、誰が主役になるかわからない。これは私もどきどきしました（笑）

盛山　見ました。縄跳びのチャンピオンを本当にその場で決めて、その子が後半の主役になるというものでしたよね。すごいなと思いましたね。

田中　その次は、**台詞を子どもたちに作らせました。**グループに分けて、シーンごとに作らせて脚本を合体させたのです。子どもにやらせるとどこまでできるんだろうと試したわけです。

私は彼らのそばで、彼らが話しているのを聞きながらパソコンで台詞を起こしていました。結果、台本は子どもの言葉になりました。自分たちで作った台本だから、本番でも彼らは勝手に付け加えたり、アドリブを入れてやっていました。

アドリブができるとわかれば今度は……と、劇をやりながら私自身が楽しんでいましたね。あるときは、クラスでもちょっと乱暴な子に、真逆の性格の役をやらせたこともありましたけどね（笑）

盛山　今おっしゃったようなことは、先生から教わり、私はすべて取り入れています。

田中　友達のことを批判する子に、「やめろよ。その言葉でどれだけそいつが傷ついていると思うんだよ」と言わせたり（笑）。みんな、「似合わない！」と思いながらやっていました（笑）。でも、その子は最後に本当にそうなりました。正義の味方になったのです。

こんなふうになりたいと思っている子がいても、なかなかそんなふうに育ててやることができない。だからこそ、どういうふうなサジェスチョンをしてあげると一番効果的なのかが、人によって全く違うと思います。

盛山　改めて私は、先生のお話を部室で伺いながら学んでいるんだなと思いました。それを劇にすべて生かしてきました。子どもにシナリオを考えさせるのも。そうすると思い入れが全然違ってきますね。

例えば、6年生の担任のときに、重松清の『くちぶえ番長』を劇にしました。転校生の女の子マコトがいじめっ子たちを退治するようなストーリーでしたが、その当時ちょっと折り合いがつかずに悩んでいた女の子がマコトを演じました。感情移入したのでしょうね。本番、涙を流しながら全力で演じてくれたことを、今でも鮮明に覚えています。

また、先生から担任を引き継いだ3年生の子どもたちとは、黒柳徹子の『窓ぎわのトットちゃん』を劇にしました。あのときは、トモエ学園の校長小林先生を田中先生に見立てて、子どもたちに演じさせました。小林先生は、変わり者のトットちゃんにいつも「あなたは、本当はいい子なんだよ」と言い続けました。そして小林先生は、運動の苦手な子どもたちでも活躍できる運動会を考案したり、学校にみんなで泊まる計画を立てたり、とにかく子ども思いの素晴らしい教育者でした。
私には、田中先生ととても似ているところがあるように見えましたので、子どもと一緒に感動しながら作ることができた劇でした。

田中　そう言ってもらえて光栄です。でも、盛山先生のいいところはそこを超えるところですね。私がやった劇よりも、君がやった方が上なのです。保護者も絶賛していました。

盛山　何でしょうね……。劇は私と子どもたちの熱い思いを表現する場でした。だから、本当に好きでしたね。

田中　いろいろと好きなことがあったんだろうね。私はいまだに劇団四季を見に行ったり、ミュージカルを見に行って、これは使えるなと思っている。もう退職しているのに（笑）

盛山　田中先生がやっていないことが一つあるとすれば、**いつも私が舞台に立って子どもたちに自分がベストの演技を見せていました。**それを見た子どもたちは最低限、ここまではやらなければ、となったのかもしれません。もちろん、彼らもそのままにはせず、さらにブラッシュアップしていましたけど。毎回、どの役も自分のイメージで全力で見せていましたね。

田中　なるほど。劇団の演出家も二通りいます。自分でやる人と自分じゃ絶対やらない人。私が筑波小で最初にやったのが、マイケル・ジャクソンの「スリラー」を使った劇でした。あのときは実際にこの私が踊って見せていました。学生時代、友達とフラッシュモブみたいなことしてたから。若い頃は痩せていてダンスにも少しは自信があったんだけどね（笑）

　このときはマイケル・ジャクソンのＤＶＤを昼休みなどに流しておいて、まずは子どもたちにダンスをカッコイイと思わせる。放っておいても踊り始める子がいるので、その子たち六、七人を抜擢して、他の子たちを驚かせるためにこっそり練習していました。で、実際に教室でフラッシュモブをすると、みんなが「やりたい！」「やりたい！」となった。これは、子どものやりたいという気持ちを引き出すための作戦ですね（笑）。いくら私がやりたくても、彼らが乗ってこないと駄目だと思っていますから。

盛山　授業と同じですね。私は田中先生のこういう話を、部室でよく聞かせていただいていました。だから、ますます劇も授業も好きになったのです。

子どもの「やりたい」気持ちがクラスを変える

田中　子どもたちがやりたい気持ちにならない限りは何を言っても駄目です。

例えば、ＩＣＴの活動やプログラミングの授業のときもまずは一番シンプルなものしか見せません。それで子どもが「ねえ先生、その四角形は動かせないの？」などと言ってくるのを待って、その機能があったかなと引き下がって調べるふりをする。すると、子どもたちもネットで調べ始めます。

盛山　子どものやりたい気持ちを引き出すには、誰でもできる簡単な活動から入っていくというイメージですか。

田中　そうです。これは日常の遊び、例えば鬼ごっこをするときもそう。私は子どもと鬼ごっこをやろうかというとき、**まずは一番つまらない鬼ごっこをやります。**それこそ、ただ走るだけの鬼ごっことか。でも、それだけでも子どもは文句を言わないときもありますが（笑）

でも、大体途中で、「先生、そろそろ交替しよう」と言い始めます。「私も鬼がやりたい」「鬼を増やしたい」とか。そのときに、「そうか。でも、みんないいなくなっているからなあ。どうする？」と言ったら、いろいろとアイデアが出てきます。

盛山　**困らせないといけないい**わけですね。

田中　そう。そこで「じゃあ、時間を決めて戻ってくることにしよう」と言う。その次に「今度は鬼と逃げる人の帽子を変えよう」と。最初は白と黄色。すると逃げているうちに変える子が出てきます（笑）。これでは駄目だとなって、「鬼が帽子を被って、逃げる人は帽子を被らないようにしよう」とか。そうすると、帽子は全部一箇所に集めておくようになります。子どもは追いかける方になりたかったら、帽子を取りに来なければいけません。それを鬼が待ち構えている……とかね。

盛山　困ったときに注意をするのではなく、次のアイデアを出させるようにする。先生の場合は、これを意図的にやるところがすごいですね。一つひとつが教育活動になっています。

田中　私はそれで「さんすくみ」という遊びをつくりました（三つのグループに分かれて、AグループはBグループを追いかけ、BグループはCグループを追いかけ、CグループはAグループを追いかける遊び）。さんすくみは、みんなが逃げる方と追いかける方の両方を楽しみたい、というところから生まれた遊びです。もともとは、じゃんけんのように三つが竦むということです。

盛山　さんすくみは、私も子どもも大好きでよくやっています。

田中　中庭とか、ちょっと隠れられるところでやると本当に盛り上がりますよね。

盛山　先生は低学年のときと、高学年のときでは子どもへの接し方を変えていましたね。意識されていたのですか。

田中　いや、特に変えてはいないですよ。私はただ、子どもたちが「これをやりたい」というのを応援してただけかな。学校に泊まりたいと言ってきたので、なるほどそれは面白そうだな、やるか！と思ってやっただけ。もちろん、他から反対もあるだろうと思いながらね。

盛山　私も子どもたちの思いを受けると、意気に感じてやろうと思っていました。

田中　でも、絶対に批判する人もいるからね。

盛山　いますね。ただ、応援してくれる人もいます。

田中　共通しているのは、**子どもたちの思いを実現するように動くのであれば大丈**

夫　ということかな。大人も子どもも組織も。ところが、こちら側が実現したいことの方が、ちょっとでも上に行くとそこには必ず反発が起こります。

だから、学校に泊まろうと言ったときも、絶対に親の中に反対する人がいるだろうと思っていました。「夜、虫が出るのが嫌だ」とか「怖い」とか。そこで当時の校長先生に協力してもらって、子どもたちから「学校に泊まりたい」とお願いされても、最初は断ってもらいました。で、私も「甘い。そう簡単に学校には泊まれないんだ」と言って。そこから、子どもたちがどうするかを見たかったのです。

盛山　きちんと伏線を張っておくんですね。

田中　すると、子どもたちは燃えるんだよ。その後の学級会は、本当に面白かった。帰ってきた彼らは「校長先生に駄目だと言われた」と言って悄然としています。教室で待っていた子たちは「え？ ちゃんと、ひろせんのクラスだって言った？」と（笑）。彼らも私のお墨付きを使おうとしていたわけです。

そこから「先生、なんとかしてよ」と頼ってきましたが、私は「ここから先は君たちの力でなんとかしないとね」といったん断る。すると、他の子が「ただ学校に泊まるのではなく、『星を見る会』とかにしたらいいじゃん」などとアイデアを出し始める。

そうやって皆で話し合った後、私が学級通信でその様子を書いて、「何かいいアイデアはないでしょうか」と保護者にも募ったら、みんなが協力してくれたのです。

盛山　親も巻き込むところもうまいですよね。学級通信でこの雰囲気も熱さも伝える。私は相当影響を受けています。

田中　卒業した後に、皆で集まって清里に泊まったときも大変だったね（笑）

盛山　あれもすごかったですね。私もつい最近、中2の教え子と夏休みに清里合宿を行いました。6年生のときに新型コロナウイルス感染症拡大のために清里合宿も富浦合宿もできませんでした。そのときに中2になったらみんなで清里に行こうと約束しました。

幹事役を買って出た生徒と一緒に計画を立て、多くの保護者の協力もあって一泊二日の合宿を行うことができました。キャンプファイヤーで歌って踊って最後に語ったときは、みんなで涙しました。「やっとできたね」って言ってね。

田中　同じだね。私のときも子どもたちもそうでしたけど、親たちも自分のことのように燃えて取り組んでくれた。

盛山　とても感動しました。きっとこの経験は、この子たちのこれからの人生に生きてくると思いました。

田中　そうだよね。ただ、いろいろとリスクはあります。例えば、参加できなかった親もいるとして、そのときの子どもの人間関係はどうするんだとかね。

盛山　同じことが、今回の合宿でも話題になっていました。

田中　それで責めてくる人がいるわけです。だから「やっては駄目だ」と。これは正論ですけどね。次には「病気が出たらどうするんだ」「事故があったらどうするんだ」「もう担任ではないのに責任は誰が取るんだ」と……。こんな話ばかりになる。

盛山　そうですね。だから、**全部クリアするために一つひとつ動いていくわけです。**いろんな方を説得したり。本当に大変でしたが、でも実現できて本当によかった。田中先生は基本、そういったことが好きなんですね。

田中　うん、好きだね（笑）。君もね（笑）

盛山　はい（笑）。**子どもたちがやりたいと思うことを本気で応援して実現させてあげる。**この方向に間違いはないと思います。保護者も子どもも喜びますし、みんなで協力し合うことができます。多くの問題を解決しながら、みんなで目標に向かうプロセスが好きなんですね。

田中　やっぱり「好き」じゃないとできないですね、これは。逆に言うと、**楽しくないことはするな、**ということでもあるね（笑）

先日、昔の教え子からはがきが来たんです。なんだと思って見ると、「中学校の数学がわかりません。どういう勉強をしたらいいですか？」と書かれていた。これは返事を書かなくてはいけないと思って、勉強の仕方を全部書いたんです。

そのときに私が書いたのは、「みんな、親も学校の先生も塾の先生も苦手なことを克服させようとするけど、気持ちが沈んだときは苦手なことはしないでいいよ」と。「教科書を見て、ここならできる、ここは得意、というところをまずは徹底的にやってごらん。それでいいから」と書きました。

得意なことをしていると、パワーが生まれてきます。そのパワーがつくと苦手なことに立ち向かえるようになります。パワーが落ちているときには、苦手なことをやっても駄目だと思うんです。パワーを充電して元気が出て、ちょっと苦手なこともやっておこうかなと自分で動き出せることがとても大切なんです。

盛山　なるほど。好きなことだからパワーが出る。だからこそ、私たち教師は**子どもたちのパワーを引き出すために、子どものことを考え、授業を創っていかなくてはいけない**のですね。

田中　そういうことかな。そして実は、それが「学び方」を教えている時間なのだと思います。

第4章
子どもが夢中になる算数授業

算数の授業がうまくなりたい――。そう思われている先生には参考になる、算数授業の極意。問題の仕掛け方、教材研究の仕方、ペアトークのコツ、子どもの「困り方」にどう寄り添うか……。明日の授業で試したくなること間違いなしです。

シンプルな授業でも盛り上がる

田中　ありがたいことに最近、私の授業DVDシリーズがよく売れているみたいで（笑）、その中の一つに「まわりの長さと面積」（4年・平成18年・内田洋行）の授業があるんです。

盛山　知っています。何度も拝見しました。

田中　五つの図形を用意して、どれが一番まわりの長さが長いか考えるという授業です。当初、この授業を考えたとき、隣で夏坂先生が「こんな簡単な教材で45分もちますか？」と訝っていたんです（笑）

第4学年　まわりの長さと面積

5つの図形を見て、どれが一番まわりの長さが長いかを考える。

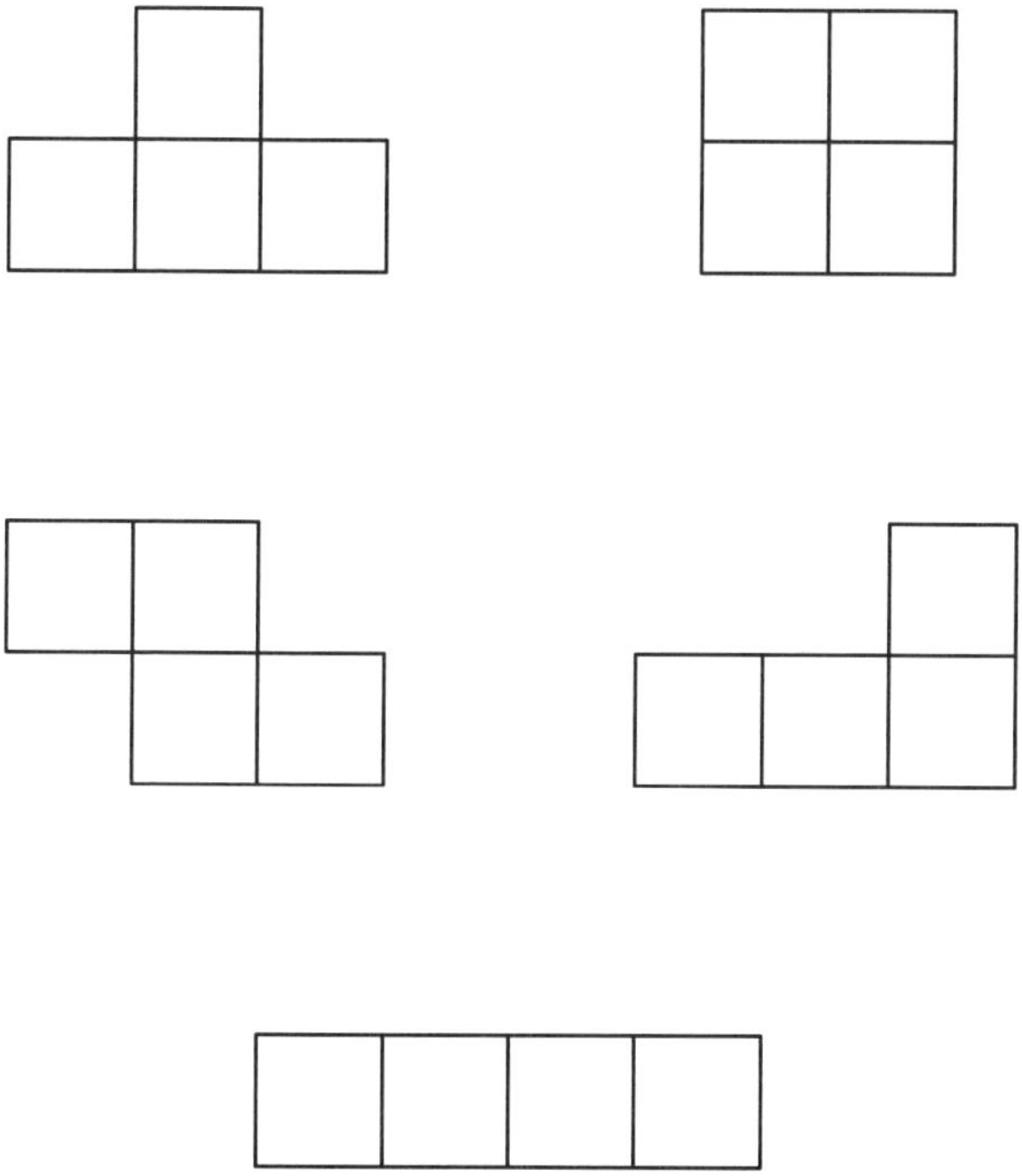

盛山　お二人の会話、覚えています。

田中　「簡単すぎませんか?」と。

盛山　でも、先生は「できる」と言っていました。

田中　言いました。それで授業が終わった瞬間に夏坂先生が、「こういうのでいいんだ」と呟いたんだ。

盛山　見ている途中で、夏坂先生も私も「すごい!」と言って興奮していました。

田中　筑波小の子どもたちと授業をしていると、ある時期から、他の先生たちもどんどん難しいことをやろうとし始めたんです。すると、授業が段々重くなる。

そこで私は、**日常の授業でものすごく単純なことをしたら、それでちゃんと盛り上がった。**そこから私は、すごくシンプルなことをやるように切り替えました。

盛山　田中先生はシンプル路線が長かったですね。でも、それで盛り上げるんですよね。

田中　シンプルだと思ってやっていても絶対に苦手な子の中にはついてこられない子がいますから。

盛山　なぜ、その子どもがそう考えたかとか深掘りしていくと、とても深い授業になりますね。シンプルでもついてこられない子もいますが、**逆にシンプルだからこそ子ども自身が問いをつくって追究するような授業がつくりやすい**と思います。

田中　シンプルで待っていると、いつも突然予期せぬ面白いことが起きるんです。あの授業のときも、突然ある女の子が「先生、全然関係ないことかもしれないけど」と言い出して、中の区切りの線の話が始まって、正方形のときだけ4本入るけど他は3本だと。だから、まわりの長さが10㎝は3本で、8㎝は4本だと見つけてきたわけです。

それで「面白いね」と言ったら、今度は「3本と4本だったら、1㎝違いになるはずじゃん」と新たな課題が見つかって、さらに盛り上がっていくわけです。

盛山　教材がシンプルだからこそ、子どもの主体的な追究につながっていくのですね。

田中　シンプルだから出てくるし、シンプルだから私も待てるんです。この「**待て**

る」というポイントが大きいかな。教師が他にもっとたくさん準備していたら、そちらの方に気持ちが行ってしまうでしょう。だから、予期せぬことに付き合えなくなるんです。

もう一つのポイントはちょっとずるいけど（笑）、**指導案には最小限しか書かないということ**。これは昔から私がよく言うのですが、計画を全部書くとどうしてもそのとおりやらないと気が済まなくなるからです。子どもたちがこちらの想定以上のことができることもあれば、そうでない場合もありますからね。

盛山　そうですね。必要最低限のこと、つまり方向性を書いておけば、あとは自分の好きなように発展させられます。

田中　でも、準備は最大限しておくけどね（笑）

難しくなってきたら簡単な話に戻す

田中　あと、**授業でも混沌としてきたときは、いったん簡単な話に戻す**といいと思っています。できないことの話ではなくて、最も単純なできる話へ戻すと子どもたちが元気になる。子どもが蘇ったら、また先ほどの課題に向かう力が出てきます。

私が「ここまではいいのにねえ」とか言っていると、「でも、それってさあ使えるじゃゃん……」と突破口を開ける子たちが現れます。最初はこのひらめいた二、三人くらいを走らせてみます。そこから、他の子たちにつなぐという感じかな。

盛山 イメージが湧きます。いいクラスだと、子どもたちは仲間を助けようとしますから知恵を出して条件を整えようとしたりします。そういう動きを生かすということですね。

田中 難しい話題ばかりするから、授業もつれて重くなってしまう。

これは私たちが講演をやるときも同じです。私は聞き手を見て、難しい話が続いて疲れてきたかなと思ったら、できるだけ低学年の話題を例に使います。聞き手の心が食い付いてきたときに、気持ちの中で「そこまではいいんですけど、高学年のこういうときは……」と自分たちで話題のレベルを上げたくなるのを待つのです。そうでないと、最初から割合や比例数直線や分数の話をしても聞き手は引いてしまうだけです。

盛山　確かに割合の話を最初からすると駄目ですね。私も聞き手が入り込める話題か、問題意識をもっている話題から入るようにしています。

田中　そこの解きほぐしは大人でも子どもでも必要です。私はよく講演会の最中にパワポにある仕掛けをしていますけどね。

盛山　金魚とか出てきたりするのがそうですね（パワーポイントで金魚の数を間違えて出す）。

田中　あれもそうだし、よく読まないと間違いとわからないものも入れています。例えば、「０・８ｍが１６０円のリボンがあります。１ｍ分はいくらでしょう」という問題のとき、０・１ｍ分を求めて10倍する方法と８ｍ分を求めて１ｍ分にするという二つの考えが出てくる場面での話のとき、私が画面をパッと変えて、「じゃあ、先生たちもやってみましょうか。今のを求めましょう。まずは０・１ｍ分を求めて……、二つ目は１ｍ分を求めて……」と書いたわけです。

盛山　１ｍ分？

田中　そう。さすが、よく変だと気付いたね。でも、セミナーのときは誰も指摘し

ないことが多いのです。つまり、大人も実は全然頭を働かせていないということ（笑）

盛山　イメージできていないのでしょうね。

田中　しかも1m分と書いてある言葉は、先ほども見たような気がするわけです。だからみんな変だよとはすぐに突っ込めないのです（笑）

盛山　それだとわり算がかけ算になってしまっていますからね。

田中　なんだ、大人も結局は自分で考えていないで見守ってるだけのことがあるんだなと。

盛山　それを見つけるために、**わざと間違える**んですね。田中先生は、こういうしかけが多いですね。

田中　そう、一箇所だけ。しばらくやってみんなの反応を見て普通にしているから、私がぽんとボタンを押すと、「え?」と一文字だけの大きな画面が出てくるのです。「みんな、この『え?』に共感した人はいる?」と尋ねたら、「実は……」と手が挙がる。

盛山　ちゃんといるんですね。

田中　実はちゃんと考えていた人はいたんです。言いにくかっただけなんです。このパターンは最近みんな慣れてきたから、今度はすっと流してしまうパターンもやってます。つまり、**本当に私が間違えていると、みんな言いたくなるものがあるわけです。**「田中先生、気付いていないかもしれませんけど、さっきの間違えてますよ……」と参加者が指摘するまで待つパターンです。「いけね、これは本当に間違えているわ」と言って笑いながら話をするのですが、最後に終わるときにピッとクリックすると、その画面が出てきてゆっくり変わる（笑）

盛山　「これも実は……」のパターンですね。

田中　そしたらみんなが、ああやられたとなる（笑）

盛山　なるほど。

田中　だから、よくまとめのときに「先生がぼけろ」というのも、この二つのパターンをやるといい。本当に忘れているように見せると、子どもは突っ込みやすいからです。一回戦目は、ネタを見せない方がいいかもしれません。「ああ、しまった。ごめん、先生は慌てていたからな」というパターン。それで、また来たときに、「私は君たちを試していたんだよ」と言えば、「嘘ばっかり。本当にできないくせに」のパターンが要るわけです。それで、後から正解を出すとかね。

盛山　その突っ込む答えが一つだけの場合と、オープンエンド的にいろいろなことが考えられる場合がありますか。

田中　なるほど、それもいいね。対応パターンを成長させていけばいいのかな。

盛山　どちらかというと、私は**最後にオープンにするのは好き**です。答えが一つに決まらないで、子どもに応じて私だったら最後はこうだという数値がいろいろ出てきてしまったり。

田中　それはまとめの段階でということ？

盛山　最後の段階で。

田中　それもいいね。私も今注目してるのは、現場の先生が気にしている最後のまとめのところの話ですね。めあての話は最近よくやっていて、もうだいぶみんな伝わってきたから、「じゃあ、まとめも同じように子どもが主体になれるようにやろうね」と言って、まとめの場面のつくり方をこうして話してます。

盛山　まとめの方が難しいですか？

田中　先生が書いたものを写すだけになっていることが多いからね。先ほど私が言った「0・1で何倍、1m分で何倍」のものは、こういうまとめのところです。「これをちゃんと書いておこうね」という場面での仕掛けですね。子どもの中には考えないでそのまま書く子もいますから。

盛山　逆にまとめの方がやりやすいかもしれませんね。

田中　そうだね。**あえて「先生のまとめは立派なのをやりましたから、みんな写しなさい」なんて笑いながら言ってみる。**子どもは、この先生、どこまで信じていいんだろうと疑いながら、修正しながら自分なりのまとめをする。

盛山　面白いですね。私が気になるのは、まだまとめをする段階にいっていないのに強引にまとめをする授業です。ゴールを決めすぎて子どもの思考や子どものペースを無視する。こういう授業になぜなるのかな、と思います。スタンダードの影響でしょうか。

子どもを見て柔軟に対応する自然な授業が大切です。どんな切り口から授業を語り始めても、最後は必ずそこに行き着く気がします。

何のためにペアトークを行うのか

田中　当時のDVDを振り返ってみると、もう一つ自分が興味深いことを行っているのに気付きました。それは、近年ペアトークと言われるもの。今ではみんなが当たり前のようにペアトークを使っていますが、実は私は当時から隣同士の子どもたちでしゃべるという活動を取り入れていました。

盛山　ペアトークは田中先生が最初に行われて、そこから急速に広まったと思っています。

田中　当時は、一斉の話し合いか、4、5人での少人数のグループでの話し合いのどちらかを使うというのがほとんどだったと記憶しています。二人だけで、子ども同士を向き合わせてやることにはあまり肯定的ではなかった。というのも、二人だけでは話し合いが成立しないことが多いからです。

でも、私はあえて二人でやっていました。なぜなら、その目的は話し合いではなかったからです。

盛山　伝える。表現する活動ですね。

田中 もう少し正確に言うと、要は**自分たちが聞き取ったことが、お隣の人と一緒かどうか確認しようという確認のため**です。これが一つ目。

盛山 私も理解を共有するためや説明をするための活動としてよく取り入れます。

田中 もう一つは、**発表も練習することが必要**だという発想です。

盛山 ガス抜きということですか？

田中 いや、ガス抜きではなくて、あくまで練習。「今もしも『自分が当てられたら、私はこうやってしゃべろう』というように練習してごらん」ということ。

計算技能でも作図でも、習熟させたいものは練習するでしょう。でも、なぜか発表だけは一回しかない。だから、私は子どもたちの説明力・表現力を育てるのであれば、ここでも練習が要ると思ったわけです。隣の子に発表すれば、その子に評価してもらうことにもなりますしね。

盛山 聞いている子には、どう評価させるんですか。

田中 例えば、「今、お隣の友達の発表を聞いたよね。この人の話はみんなも聞いた方がいいよと思ったら推薦してくれる？」と。

盛山 なるほど。私の場合は似ているのですが、評価させるときは指を上げてもらっています。3本指で、1、2、3段階で。

田中　三つに分かれるの？

盛山　みんな優しいので、ほとんどが（最高評価の）3ですね。でも、たまに1の子もいて、その場合は何か困っていることがあるはずなので、それを話題に授業を進めたりもします。

田中　なるほど。でも、みんなの前で1と評価されるのはつらいかも……。私はやはり、この人の話はみんなに聞かせたいというのを推薦するぐらいかな。

盛山　確かにそういう側面もありますが、ルールとして相手が話せない場合は「教えてあげる」となっています。3段階の評価は、とにかく聞き手が行いますので、結果的に「1」はなくなるわけです。

この3段階評価のねらいは、**説明活動に一定の緊張感をつくるため**です。人に聞いてもらう、人に評価してもらう、ということで本気になります。一方、聞き手も本気で聞きます。この構図が子どもを成長させると考えているわけです。

子どもの「困り方」に寄り添う発問の技術

盛山　田中先生の発問は、ものすごく種類が多い。最近見たのは、ある子が説明するときに、「今から説明が始まるよ、どこかでわからなくなったら手を挙げてね。それが見えたら発表者を止めるから」と。子どもの心理を読んだ、すごく細かくて繊細な発問だと思いました。

田中　それも実は結構昔から使っていました。発問というよりは指示かな。当時のDVDでもやっています。わかりにくい式があって、「私が今から指さすから、ここからわからないというところで手を挙げてね」と。

盛山　昔からやってたんですね。

田中　最初はこの指示では、子どもはあまり動けなかったんです。やはり、手を挙げるというのは勇気が要る。そこで私は「**全員最初から手を挙げて。わからなくなったら手を下げてごらん**」と言い換えてみたんです。これだと動きやすいみたい。手を下げる方が楽なのかな。誰も手を挙げてないところで最初は挙げるのは勇気が要るものね。

盛山　子どもを見ながら修正していったんですね。
　どう聞けば動きやすいか、絶えず動きやすい方を一生懸命に探しているんですね。そういう先生の思考の仕方が勉強になります。いつも咄嗟に思いついているのですか。

田中　いえいえ、私も子どもの姿を見て試行錯誤してます。

盛山　それも対応力ですね。

田中　大切な視点は**子どもにとってどちらが気持ちが楽か**ですね。
　最近、困り感という言葉をよく聞きますけど、これは漠然としてると思います。私は困り感ではなく、「**困り方**」と言っています。子どもが困っている状態も分析するといくつかの種類があることが見えてきたからです。今まで算数の授業の中では、子どもが困っているという認識ではありませんでしたよね。みんな今まで何と言っていたと思いますか。

盛山　つまずきですか。

田中　そう、つまずきとか誤答と言ってました。これはネガティブな表現だと思いませんか。でも彼らは、困っているだけなのです。**困っているということは、**

前に進みたいという気持ちの表れでもありますからね。

盛山　私はこの間、ある学校で6年生を相手に授業をしました。そのときに初めてこの発問をしました。「今、困っている人いる？」と。そしたら、ちょっとやんちゃそうな男の子が「うん、どうやっていいかわかんねえ」と言ったのです。
　そこで私は、彼のわからないところを取り上げて、「彼のために何か言ってあげられることあるかな？」と聞いたら、二人の女の子が手を挙げてヒントを言ってくれました。すると、その男の子は「それなら、わかるわ」と言って蘇ったのです。だから、この発問は使いたくなりますね。

田中　でも、これって日常ではよく使ってますよね。

盛山　算数の授業では初めて使いました。

田中　なぜか授業中にみんな使わないですよね。漢字のテストをやっていて、「今、書くことに困っている人はいない？」とは聞かないですよね。

盛山　そうですね。

田中　大体「覚えていない人？」「できない人？」と聞いてしまいがちです。

盛山　「わからない人？」とかね。

田中　「わからない」というのは、思考活動が「止まっている」か「終わっている」かでしょう。

盛山　結果が出た後のことを聞いていますからね。

田中　「困っている」というのは、今、まさに動こうとしていると考えてあげればいいと思うんです。

盛山　プロセスの途上の言葉ということですね。実は、私は「つまずき」という言葉の捉え方を変えることをいろいろな場で話してきました。

構成主義の立場から、つまずきは子どもの素直な思考の表現であり、新しいことを学ぶときの自然な姿であると言ってきました。むしろ、このつまずきの内容をみんなで解釈し修正する授業が大切で、それによって深い理解を得ることができます。つまり価値を見出すことで、**つまずきは悪いことではなく、むしろ学びには必要なものというイメージをもたせたい**と考えたわけです。

先生の場合は、「つまずき」という言葉自体を使わず「困り方」とする。その発想はすごいですね。

田中　「困っている」と言う子は前向きに動こうとしていると考えるわけです。そうでなければ困らないでしょう。最初から諦めている子は、そうではないですよね。

途中を見ようとする言葉かけで**「この子の気持ちがわかる?」**という教師からの言葉も同じですね。

盛山　これもすばらしい発問ですよね。

田中　日常的に子どもたちと向き合っていると、どうやっていいかわからないと戸惑っている子に出会ったんです。「そうか、君の気持ちは私もわかるな。先生も子どもの頃は……」と自分の話にして、近くにいる別の子に「君にもそういうときがあったかな?」と問うと、「実は……」となるわけです。

盛山　これは意識して発問したのですか。

田中　いや、最初は無意識かな。「この子の気持ちがわかる?」は、若いときにある研究授業で私が言っていて、それを見ていた一人の先生が「田中先生が授業中によく使うあの言葉は、魔法の言葉ですね。私のクラスでも使うと雰囲気が途端によくなるんです」と伝えてくださったのです。

私もよくわからずに「何のことですか?」と尋ねたら、「先生、よく聞くじゃないですか。『この子、こんなこと言ったけど、この子の気持ちがわかる？』って。普通の先生は、『この考え方はわかる？』と聞くから子どもたちは『違います！』となる。でも、先生の聞き方だったら、みんな『わかる！』となるんです」と。

それを聞いて、自分でもなるほどなと思ったんです。すると、私の授業を見た有田和正先生も「算数の先生って普通は考え方を聞くのに、田中さんのように気持ちを尋ねるのは珍しいな」と褒めてくれた。そのときに、この言葉はそんなに価値があるのかと思ったのです。だから、最初から技術として意識していたわけではありません。

盛山　子どもが自然になるように考えて動いていたら、ということですか。

田中　基本はそっちですね。彼らはどうすれば動きやすくなるか、ですね。

教材研究の仕方

盛山　田中先生にもう一つ伺いたいことがあります。先生は、普段どうやって教材研究をしているのですか。

田中　逆に盛山先生はどうやっているの？　そちらからの質問ばかりだからさ（笑）

盛山　私はまず、**いろいろな教科書を見て、どのようにやっているかを見ます。**

田中　確かに教科書を見比べるのはいいね。最近は教科書が違うと、単元構成なども全然違うところがあるからね。

盛山　ええ、内容の扱い方と系統性の意図ですね。例えば、３年生で小数と分数のどちらを先に扱っているか。分数が先なら、分数を生かした小数の導入の仕方をどうしているか。１・３Ｌなのか、１・１Ｌなのかといった数値設定の意図など、基礎的なことを確認します。

その上で、ねらいをよりよく達成できるようなしかけを考えていくといった手順ですかね。特に子どもに問いが生まれるようなしかけを意識しますね。

田中　あるときからスパイラルといって、学年を束ねた移動が許されたじゃないですか。そうすると、今までは仮分数は4年生で真分数は3年とあったのが、それを交ぜてやるとか、いろいろなことが会社によって工夫されています。単元の扱い方も全然違う。だから、今は飛び込み授業をやるときに困ることもある。

先生たちは自分のところの教科書しか見ていないから、それが全部の教科書にあると思われていてね。

盛山　そうすると既習とかを全部調べていくんですか？

田中　私は3年の飛び込みのときは原則2年のものしか使わないことにしてます。伝えたいのは、教材の面白さではなくて子どもたちとの向き合い方の方なので。だから最近は、それこそ**文脈型指導案**というのを出していて、ストーリーになっていたりしてね。

盛山　一つの授業の中で、問題場面が文脈になっているんですか。

田中　いや、私と子どものやりとりのことです。たぶん私はこの場面でこう悩む。こちら側に流れそうになるだろうけど、そのときのものによっては……というふうにして全部書いてみたこともあります。

盛山　それも教材研究の一つの仕方みたいなものですか。私の場合は、その**ストーリーを教材研究ノートに書いています。**板書をつくりながら場面ごとに、どのようなやりとりがあるかを想定したり、予想外の反応を予想し、その対応方法を検討したりします。そうしながら板書を完成させていく。この作業を何度かやっていると、ポイントとなる発問が見えてきます。

田中　そうですね。教材研究というより私のも盛山さんのも展開研究という感じかな。それに下の学年の内容をやっても、扱い方を変えればちゃんと上の学年のものにつながるから、例えば、12－3という計算を1年生でやるときに、減減法でやると12－2－1でしょう。でも、これは12－3をやっているわけですから、12－（2＋1）です。かっこを外したらマイナス、マイナスになります。

ところが、子どもはそれを知りません。かっこを外したときにA－（B＋C）がA－B－Cになる、両方マイナスになるということは考え方としては高度です。でも、1年生の減減法はそれをやっているわけです。

盛山　式に表すと、そんな感じですよね。

田中　12－3の中の3を2と1に分解しているけど、3は2＋1です。だけど、ひき算をするときは2つひいています。この違いを先生たちは子どもにしゃべるときに、今のような「まず、3を1と2に分けるでしょう」と言っています。

ということは、ここは3＝1＋2としているでしょう。でも、これを後からひきます。これを式に書いたときに、「どういうこと？」と思っている子どもがいるかもしれないよね。

1年だと3を2＋1と分けるというのをそのまま式にすると、12－3は12－2＋1となってしまい、答えは11になってしまいます。12－3＝12－（2＋1）＝12－2－1というのは、子どもにとってはとても高度なことだと思うのです。

盛山　この話は初めて聞きました。教材研究をするときの視点の一つは、数学的な背景を見るということです。12から3をひくときに、2をひいて1をひく。これを式に表現すると、12－2＋1となるので難しいというのはよくわかりました。その場合は、言葉による表現と図による表現とを関連づけて理解させるのでしょうね。でも、その視点は勉強になります。

教材研究をするときは、私は単純に教科書を全部見て、問題を考えるのですが、**問題を考えるときに子どもが必ず問いをもつような、戸惑うような場面をあえてつくること**を大切にします。それで解いていくのですが、問題の文脈を利用して、自然に子どもたちが……。

田中　文脈という話が出たからって、無理に文脈を使おうとしなくていいけど（笑）

盛山　本当にそうなんですよ（笑）。最初に必ず問いが生まれるようにして、そこから自然に子どもたちが発展的な課題をつくる、問題が閉じないようにすることを意識しています。つまり、二段階の構成ですね。

でも、田中先生は算数の本質みたいなもの、「何を教えるべきか」「どんな数学があるか」から行くのでしょうか。

田中　私は「**事件はどこで起きるか**」といつも思っているだけなので、基本的には盛山先生と同じだと思います。それが「子どもの困り方」という話につながるかもしれないけど。

現場の先生方にもよく言っているのですが、例えば市販テストの扱い方ですけど、自分でテストを作らないのであれば、最後にどんなテストを子どもたちにさせるのか、事前にきちんと知っておかないとね。本当は自分の授業に合わせて作る方がいいんだから。

だから、市販のテストをやらせるのであれば、単元に入る前に一度全部のテストを見ておかなくてはいけないと思いますよ。そして、**自分のクラスの子どもたちが、きっとここで困るだろうなと思った箇所に印を入れてみます。**今まで自分が授業をするときは、満遍なくやっていたかもしれませんが、テストを見てここに落とし穴があるとわかっているなら、ちゃんと対応しなきゃね。それだけでも授業が変わるのではないでしょうか。

盛山　どこで事件が起きるかを予想することが大事なんですね。本来ならば、市販テストにプラスして小テストでもいいので、授業者手作りのテストでやってきたことを評価してもよいと思います。

田中　教科書も時として、大人でもきちんと読めないところがあったりします。その原因は、前後の文脈がつながっていないことが多いということ。前の話と次の話がつながっていないところが結構ある。

盛山　それは場面的、文脈的なつながりと、ひき算とたし算のような数学的なつながりと、どちらのことを言っているのですか。

田中　前者の方が特に気になっています。例えば、教科書の編成だと45分で構成されているはずなのに、やはり流れが途切れていることもあると。

盛山　突然、適用問題の話が出てきたり、ということですか。

田中　そう。それだと、子どもはやらされていると感じてしまう。適用も「それなら、こういうのも同じようにしてできるのかな」というような投げかけが少し欲しいよね。

盛山 問題が出されるまでの文脈、それは前時からの算数の流れなのか、日常生活に関する流れなのか、それともある子どもの問いや発展的考察からなのか、ということがあります。

次に、**解決するために何をするか**という段階がありますね。まず図をかくのか、式に表すのか、結果や方法の見通しを立てるのか。解決方法の吟味の段階もあるでしょう。結局、**こういう考え方が大切**という本質を明らかにする。解決した後には、その解決方法が他の問題で使えるか、条件を変えたらどうなるかと考察を深めていきます。

このような問題解決の文脈に沿って教科書も構成されていく。その中で突然「図をかきましょう」とか「確かめましょう」または、やや飛躍した問題が現れてくることがあります。

田中 私がずっと言っているのは、**「もっと接続詞をきちんと入れよう」**ということ。それは『算数的表現力』でも言ってきたことです。今、教科書や教材を見るときにも、流れをつくる接続詞をもっと意識して入れたらどうかと思っています。逆に接続詞を入れてみれば、つながりが不自然かどうかもわかりますからね。

盛山　「だから」とかですか。

田中　そう。「ということは」と入ればいいけど、適用の問題の前には入らないでしょう。適用の問題の前に入れるとしたら何だろうね。駄目な接続詞は「さて」ですけどね（笑）。「さて、では練習しましょう」みたいになったら、途切れている証拠です。

そもそも適用問題というような扱いでは、子どもがやりたがらないでしょう。でも、先にも述べたように、例えば子どもたちに「先生、これは数字が大きくなってもできるの？」とか言わせて、「数字が大きくなったときも試しにやってみようか」にすれば、ちゃんとつながるでしょう。

盛山　なるほど、そうですね。授業では、教師の「実は」も駄目ですよね。この接続詞は、次の思考のきっかけであり、数学的な考え方を引き出す言葉になりますね。

田中　そうすると、そのときの子どもの言葉は「だったら」です。これも『算数的表現力』で書いていることですけどね。そういう接続詞を入れてみて、そのページの文脈がつながるかどうかやってみるといいと思います。

盛山　そういう視点で教科書を読むだけでなく、授業を見直すことが大切ですね。子どもの語り始めの言葉の中に、思考の方向を見出すことができます。

個人的には、**「でも」という言葉は注目します。**何か子どもの思いやこだわりが表れそうな予感がしますので。

田中　長年いろいろな教材の監修をやっているけど、そういうことを入れようとすると普通の編集者は嫌がります。セオリーではないからです。一つずつ区切るのが、セオリーなんです。「次の問題を解きましょう」と入れて分断するのが作り手としてはやりやすいわけです。問題をつなげてしまうと、よほどしっかりした骨組みがないとできないですから。

盛山　手間がかかりますからね。

田中　それを私が再現しようとしたのが、アイテム算数（筑波小算数部で制作している問題集）の「授業でわかる」のページでした。あれは、筑波の先生方がどういうストーリーで授業をやっているかを疑似体験してもらおうと思って入れました。だけど、あのページでさえ、結局はそうはなりませんでしたけどね。文脈をつくるというのは、やはり難しいです。

盛山　当時、先生がアイテム作成の会議で侃々諤々と議論していたことを思い出しました（笑）

授業者の研究にもっと自信をもとう

盛山　教科の内容そのものはどうですか。若い頃はどうやって勉強されていましたか。

ちなみに私の場合は、協議会等で先輩方が話している内容が、高度すぎてわからなかったとき、**陰で論文等を読んで必死に勉強していました。**若い頃は、基礎的なこともわからなかったので、誰かに聞くというよりは必死に読む感じでしたね。

田中　もちろん、**私もたくさんの本や論文を読んでいた時期もあります。**三十代の頃は、平林一栄先生や上原哲男先生の本とか、片桐重男先生の「数学的な考え方」の本も全部読みました。あと、杉山吉茂先生の『初等科数学科教育学序説』や『中等科数学科教育学序説』も読みました。皆には意外でしょうけどね。

また、若い頃は**いろいろな団体にも足を運んで話を聞いていました。**水道方式の研究会にも行ってワークショップにも参加してました。この人たちはどうやって理論をつくっているんだろう、と。教科研の授業づくり部会では、雑誌の地方編集委員をしていたこともあります。

盛山　先生は議論の際は、理論的なことをきちんと押さえて臨んでいらっしゃいましたね。

田中　研究者と新しいテーマで議論するときには、たくさんの情報が必要ですよね。授業力・実践力については、私の方が経験もありますけどね（笑）

盛山　そこはやっぱり負けたくないですからね。

田中　逆に言うと、**現場の先生方は研究者の話を一方的に聞きすぎているのではないか**と思っています。もっと現場の立場をしっかりもって聞くべきです。それこそ、研究とはこういうものだと教えられてますけど、日々教室に入れない人が客観性を保とうとしている方法は私たちには必要ないでしょう。

例えば、実践記録一つとっても大体、T・Cで記録していくことを推奨されますけどね。これも読み手に授業者の想いを入れすぎないとか、先入観をもたせないことができるとか、客観的な視点を与えるなど言われてますけど、本当にそれで客観的だと言えますか？

確かに、臨床を見る機会が少ない方たちは、記録に主観が入ってしまうと、正しいデータとしての活用ができなくなってしまうという心配はあると思いますが、T・Cでは逆に情報が落ちすぎてしまっています。

盛山　たくさん子どもと過ごしている現場の先生には、心理学で質的研究をするときのような手法が向いていると私は思っているんですけどね。

よく感覚でものを言うのは駄目だとか、言われる方がいますよね。大切なのは、子どもにかける言葉、見せるもの、子どもの考えに対する対応の仕方一つです。この最後の具体的対応や具体的判断を語れる現場教師でありたいですね。

田中　そうですね。でも私はもっと教師の主観を信じろと言いたいですけどね（笑）。町工場の職人の中には、手でマイクロミリまでわかる人がいると言いますけど、本当は**教師にも職人域になれる人をもっと増やして専門家としてプライドがも**

てる仕事にしていきたいんですけどね。いずれにせよ、現場の研究については、現場の先生がもっと主体をもつことが必要ですね。その上で対等な立場で、別の視点の意見を聞くようにすればいい。

盛山　その通りですね。そのために、現場の先生方も学ぶことがとても大切だと思います。

「教科の内容」と「子ども研究」の両翼を意識する

田中　先ほど紹介した杉山先生の『中等科数学科教育学序説』を読むと、「**何のために数学教育を学ぶのか、と問われたらどう答えるか**」について書かれているところがありますが、盛山先生がそう問われたらどう答えますか？

盛山　考える力をつけるため？

田中　確かにそれもありますよね。

盛山　よりよく生きるため？

田中　それも大切かな。でも、この本ではもっと別の視点で書かれてましたよ。

盛山　何でしょうか。

田中　一番は、もし子どもから「何のために数学教育を学ぶのか」と尋ねられたら、それは「**あなたの授業が面白くない**」ということの証しだと。つまり、その質問が出たときは、自分の授業がつまらないと言われてるのと同じだと思いなさいだって（笑）

杉山先生らしいよね。かつて坪田先生も同様のことを言われていました。

盛山　なるほど。

田中　言われると確かに、将棋をやっている子が「なぜ、将棋をやるのか」などと言わないですよね。役立つとかじゃない。楽しいからやっているわけです。勉強も同じです。車のナンバーでメイク10している子は、何かに役立つからやっているわけではない。あれは面白いからやっているんだものね。

盛山　おっしゃるとおりですね。そのためには、やはり面白い教材の用意や子どもが考えることを楽しむ教材研究が必要ですね。

田中　でも、実は授業ってちょっとしたことで楽しくなるんです。

それこそ意外と内容をわかっていなくても授業がうまくいったりします。昔、私が大学生の授業で、学生たちに模擬授業で試したことがありましたけど、すごく面白かった。

盛山 教科教育法で学生が授業を経験する講義ですよね。

田中 そう。まず教師役と子ども役に分けるの。ここまでは普通。それで教師役が決まったら、その日にもう授業をするんです。当然、彼らはまだ準備できてないから、廊下で私がネタを教えます。でもこのとき、答えまでは教えません。するとき教師役の子は、自分が答えを知らないのが不安になります。でも私はそのとき「答えを出すのは子ども役の仕事でしょ（笑）。いいから君たちは答えを知っているふりをしてやってごらん」と言います。そうすると、実はとっても自然でいいんです（笑）

答えを知らないから、子どもを誘導できない。いや、子ども役の学生が発言するたびに、「え？ それってどういうこと？」って真剣に聞いてます（笑）。あとで、子ども役に「どうだった、先生役の授業は？」と聞くと、「今日のはめちゃくちゃ面白かった。押しつけがましくなかったから」と言っていました。

先を知りすぎていると、どうしてもそれを教えよう、教えようとしすぎます。

でも、**こちらが教わるつもりでやれば授業は変わってくるんです。**

盛山　なるほど、これはよい経験になりますね。自然体でいられますね。本当は、教材研究をした上で子どもに学びながらできるようになるといいわけですね。

田中　これは大人の研修でも同じです。私は講師としていろいろな学校や研究会に行くときに、「質問にはその場で答えてます」といつも言っているんです。もちろん、私でもわからないジャンルはたくさんあります。でも、そのときは一緒に考えます。それでいいと思ってるんです。子どもたちとの授業もそれでいいと思います。

だから、「それは私も考えつかなかった」と正直に言って、みんなと議論します。そうすると不思議なことに、議論をしているうちにわかってくるんです。これが本当の「学び合い」ですよね。

盛山　そういう経験をたくさん積めば、子どもの意見を組み立てていく技も身に付きますね。そして学ぶ側は、むしろ正直な先生を信頼するでしょうね。ただ、いつも先生が「わからない」では困りますが……（笑）

田中　若い先生たちには、**「飛行機の翼を意識しましょう」**と言っています。自分で飛んでいるときに、（指導技術と教科の内容）どちらに偏っているかわかりますよね。そのときに、「今週はもっとこっちの翼を強くしよう」とやればいいと。
子どもと付き合うときもそうで、クラスの子を見渡してこの子との距離が遠いなと思ったら「今週はこの子と仲良くなろう」とやれば前に進みます。自分のバランスをいつも考えるということは共通かな。そのときに人は何か一つに焦点を絞ると、成果を感じることができます。満遍なくやっている人は結局、満遍なく何もできなかったりしますからね（笑）

盛山　それはありますね。

田中　クラス経営も最初から全員と向き合うだけでは、あまり成果が出ません。だから時にはまずは、一人の子に向き合ってみます。でも、若い先生へのアドバイスとしては、**一番最初から手のかかりそうな子に取りかからない方がいい。**自信を失うから（笑）。こうしたこともすべて練習が必要です。まずは、なんとかなりそうな子どもと付き合いながら、自分をトレーニングしてみるといいです。

盛山　**私は算数の授業を通して学級経営をする意識**でいます。そういう意味では、手のかかる子にどのような言葉をかけるか、どこで活躍させるか、他の友達とどのようにかかわらせるかを考えます。

一回の授業で、必ず一回は自然な形で発表させて、全体の中で認められるような場面ができればいいですね。ノート指導においても、少し多めにコメントを書くなど工夫するわけです。

田中 なるほど、それぞれのやり方がありますね。手のかかる子との付き合いで言えば、私は筑波小に赴任して、一、二年目は最初から大物に行こうとして失敗した経験があります。どうしてもそこが気になるのでね。

盛山 私も一年目はうまくいかないことが多かったですね。

田中 最近は授業の協議会を見ていても、数学的な教材論よりも子どもへの対応の仕方の話の方が多くなりましたね。

盛山 みんなそこに課題を感じているからでしょうね。

田中 確かに大切ですけど、算数の協議会でそういった話ばかりだと、これもバランスが悪いですよね。

盛山 そうですね。われわれは子どものことも話しますが、算数や教材のこともきちんと話さなくてはいけないと思いますね。両方やらなくてはいけないのです。子ども論を語るのは聞こえもいいし、感覚で話せるので楽なのかもしれません。

田中 あと、最近の本を読んでいて教材研究で注意した方がいいのは、先行実践者のアイデアを尊重することですね。

よく、研究論文などで参考文献としていろいろな先生の引用が記載されていますが、それとは違う観点です。あの類いの引用は、オリジナル性を尊重しているわけではなく、権威付けに使っていることが多いのが気になりますけどね。私は権威付けで使うのはあまりいいとは思っていません。自分の論を責められないようにするための、逃げに見えてしまうから。

本当にオリジナリティを尊重するなら、**引用の中に「自分よりも年下や経験がない人だけどアイデアはここからだった」ということがあるはず**ですから。

盛山 確かに、権威付けで自分を肯定化する論文とかありますね。その人が作った研究論文と言われるものでそういうのはあまり見かけないですね。

田中 典型的な教材はやはりアイデアを尊重するべきですよね。

なかなか原典までたどるのは難しいかもしれません。でも、ある教材を知ったとき、それは誰かから聞いたり、本から得たりするわけですよね。そのことを書けばいいのです。「○○先生の数値は16だったけど、私はそれを15に変えた」と書けばそれで研究の一歩です。

盛山　それが正直なやり方ですよね。その一つの教材をどれだけの時間をかけて、頑張って生み出したか、そこに敬意を表すためにも書く必要があります。

普段の授業では、他の先生の授業をまねするのはいいと思います。でも、研究授業や公開授業やＳＮＳで発表するのは駄目です。

授業が盛り上がる教材のつくり方

田中　最近、かつての算数オリンピックに掲載されていた問題を講座に使っているのですが、結構面白いです。ちょっと紹介していい？

「ここが10、ここが7の長方形のまわりの長さはいくつでしょうか」

ここは正方形。算数オリンピックでは正方形の一辺にxを使っているけど、それだとテクニックになるなと思って、セミナーでは大人にもあえて「実はこれは数字が一つ足りないんです」と言ってみました。これが私の一つ目の工夫です。

すると大人でも「そうだったんですか」とみんな安心します。そこで、問うわけです。「皆さん、どこの数字がわかれば解けますか」と。

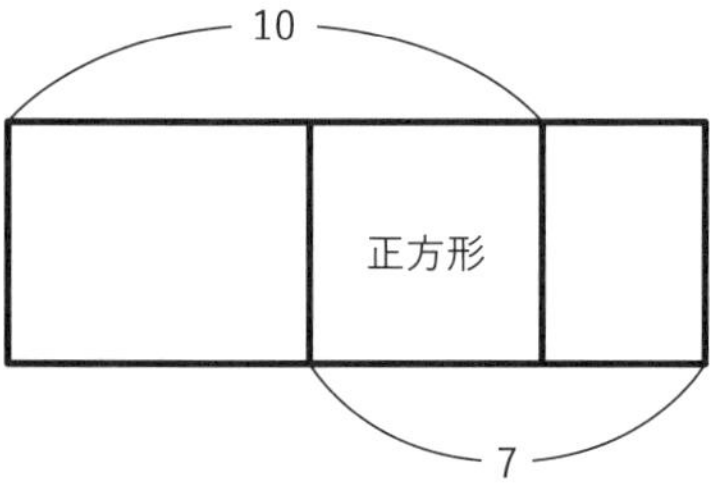

盛山　正方形の一辺ですよね。

田中　うん、「では、その正方形の一辺を自分で適当に決めてやってみよう」と言います。まずは4でやってみる。隣の人は3でやってみます。どうでしょう。実は、どちらも答えが同じになってしまうんです。

ある小学校の飛び込みでもやったのですが、3、4、5で試してみると答えはすべて一緒。当然、子どもたちは「なんで？」となります。「誰かが計算間違いしているんじゃないの？」と言えば、「誰だ、誰だ」「誰も間違っていない」「なんでだ？」と大騒ぎ（笑）

みんなで謎解きをすると、「この辺とこの辺は同じだから……」と図でも説明できます。実はもう一つの長さの数値は要らないわけです。

盛山　なるほど。正方形の一辺が4の場合、横の長さは10＋3＝13（7＋6＝13）で、縦は4なので、13×2＋4×2＝34になります。正方形の一辺が5の場合、横の長さは10＋2＝12（7＋5＝12）で、縦は5なので、12×2＋5×2＝34になります。

一つの式にして考えてみると、正方形の一辺の長さは関係ないことがわかります。面白い問題ですね。

田中 そう、この問題の仕組みと、わからないなあと戸惑う子どもの気持ちをミックスして、私はアレンジしたわけです。

一応xを入れて解いていくと、次のように最後はxはなくなって（10＋7）×2の34だけ残ります。つまり、xは要らないわけです。

㋐と㋑をまず求める
㋐＝7－x
㋑＝10－x
縦は、正方形の一辺と同じ長さなのでx
これをすべてたすと……
$(10+7-x)+(10-x+7)+x+x=34$

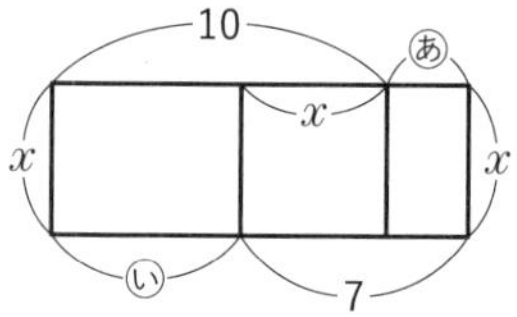

私は、上辺の原題の数値（10）を11や13など奇数に変えてやりました。というのも、xの数値を適当に決めさせていくと、偶数では同じ数ができてしまい、式を見ても何を指しているかわからなくなるときがあるからです。例えば、偶数の10のままだとxを5とすると、10－5＝5と二つの5が出てきます。

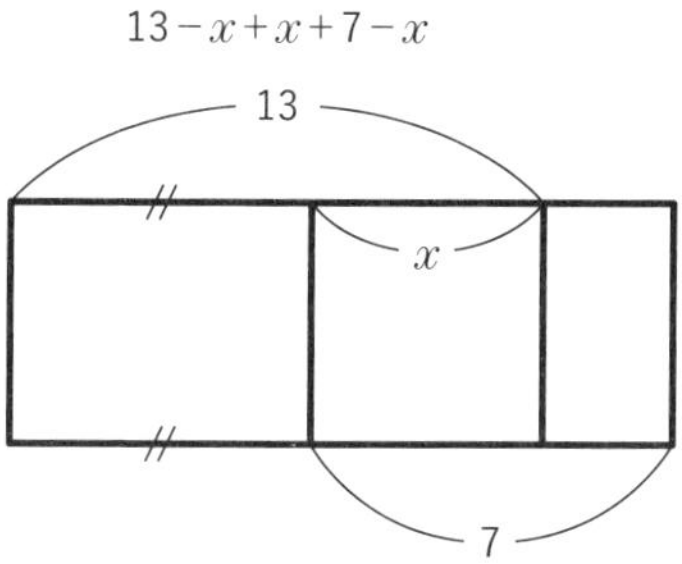

子どもたちに「あと一箇所どこかわかれば解ける」と、最初から一つ足りないのだと思わせること。個々に自分で数を決めて取り組ませると数が違うのにみんな答えが同じになる、なぜ?と考えさせていくこと。そのためには、式に同じ数が出てくるとわかりにくいので与える横の長さを奇数にしておくこと。

こうして**自分のクラスの子どもたちに合わせて、見つけた面白い問題を料理していくことを楽しんでいけばいい**ですね。

盛山　算数オリンピックの問題を教材化（授業化）されたわけですが、具体的に仮の数値を当てはめて調べるところがいいですね。

この問題は、一歩目の動きによってまた新たなことがわかってきます。つまり、とりあえずやってみるとヒントが生まれるのですね。ヒントを自らつくり出すところがいいなあと思います。そして、この問題の構造が見えてきたとき、子どもの算数を見る目が拓かれる気がします。

田中　そうですね。まずは「子どものわからなさに合わせて」「少し変える」というところから始めるのでいいと思います。

第５章

子どもと創るこれからの授業

「個別最適な学びと協働的な学び」や「GIGAスクール構想」等、新しい学習スタイルへの転換が話題になっています。そこで本章では、盛山先生が現在、筑波小で取り組まれている研究から、お二人が考える授業の未来について語っていただきます。

共有ツールを使った学び方改革への挑戦

盛山　私は今、筑波小の研究企画部長として、学校の研究テーマを設定しています。以前、先生がおっしゃったように、世間にすり寄った研究ではなく、「自分の授業を変えてみたい、変えなければいけない」という思いで考えました。

その中で取り組んでいる一つが、内田洋行の「デジタルスクールノート」というツールを使った学び方改革です。内田洋行と放送大学の中川一史先生グループとの三者による共同研究をしています。

ICTを活用した授業に取り組んでいます。例えば、私が協働画面に問題を出すと、子どもたちはそれをコピーし、自分のPCで見て、考えを自由に書き込むことができます。子どもたちの書き込みや解決までのプロセスは、私の方でも子どもたち同士でも見ることができます。つまり、**今までノートだけでは追えなかったことができる**わけです。

子どもたちが解決中に気になることがあってペンが止まっていたら、私はそれを見取っていったんストップさせて、「今、こんなことで困っている子がいるみたいだけどどう?」と全体に投げかけたりします。子どもたちはタブレット内で他の子たちの画面も見ることができるので、困った子がいれば手助けすることができます。

これまでは私が机間巡視して、困っている子がいたら個別に話をしたり、全体に問いかけたりしていました。しかし、**デジタルで共有することで、話し合いたい問いも発表する順番も子どもたちが主体となってできるのではないか**と思ったのです。さらには、板書も私だけでなく子どもたちと同時に創っていきたいと思ってチャレンジしているところです。

田中　なるほど。試みとしては面白いし、いいことだと思います。ただ、今のように個を見ようとする様々な取り組みは、もう昔から別の形で実践されていました。例えば、アナライザーもその一つです。これも、一人ずつをきちんと見ようとしたことと、他の子にわかる形で表現させないという配慮もあったと思っています。アナライザーを使う授業では、子どもたちは例えば三つのボタンで自分の状態を伝えていました。

盛山　三つのボタンというのは？

田中　例えば「大丈夫です」「ちょっと苦手です」「進めません」というような三種類の反応が教師の前にランプで表れるのです。でも、いつの間にか、みんな使わなくなりましたけどね（笑）

次は、私たちがそれこそ内田洋行で今から20年ぐらい前につくった「かたちで遊ぼう」というソフト。これは、全員の子どもたちが作った問題がパソコンの画面で共有されて子ども同士で選んで解き合う活動をすることができるものでした。でも、全員の子どもの取り組みの様子が皆にいつも見えたりするのは、実はよくないこともあります。苦手な子の中には、見せたくない子もいるからです。

盛山　はい、それが一つ問題となった点です。今は子どもたちと話し合っていて、見せないようにもできます。

田中　一般に授業では、子どもの状態、つまり**「できる」「できない」は子ども同士では見えない方がいい**と思います。いつも「できる」「できない」とそれこそデジタルで表現させるのではなく、グレーゾーンもつくってあげることが必要です。子どもたちにも多少の逃げ道は必要ですからね。

盛山　今までノートで机間指導やっているときは、グレーゾーンのような状態が自然にできていたり、先生の目が行き届かなかったりすることがあったと思いますが、子どもたちにとってそれがよかった部分もあったのかもしれません。今後は見ることができる分、それを意図的に見えないようにしたり、ピックアップして見せたり、授業づくり、学びに生かすように新しい指導法を開発することが大切になると思っています。

ところで、逃げ道というのは、見えないゾーンのことですね。

田中　いや、できるのかできないのか、まだ曖昧という状態のことです。昔、教えていた上級生の女の子の中に、わざと自分で問題を写す時間を遅らせたりする子もいました。なぜだと思いますか？

盛山　まわりのことを気にしているのかな。

田中　いえ、違います。**鉛筆が動かなくなると先生たちがこの子はできないのかなと見に来るから**です。例えば、自力解決に入ったときに、鉛筆が動かなくなったらできない子と思われてしまうから、それが嫌だから問題文を書くのを遅らせて、みんなが解くときになったら、その問題の続きを書いたり、色をつけたり、別のことを始めます。それで先生が来たときは、忙しくてまだ解決の方には取りかかっていないんですというポーズをとるというわけです。子どもたちが臆病になっているというわけです。

盛山　なるほど。確かにそういった子はいますね。

田中　実は、今のデジタル教育や盛山先生が取り組まれている自由進度学習も、すべて昭和の時代にも一度は同じ発想の試みをやっています。でも、そのときの失敗が何もクリアされていないのではないかと思うのですが。**研究するのであれば、先行実践からその問題点も押さえておいた方がいいでしょう。**そうしないとまた同じ失敗を繰り返してしまうから。

盛山　私は自由進度まではやろうとはあまり思ってはいないのですが……。ただ、1時間の授業の中でも、今までのノートでやっていたら見えなかったものを見えるようにすることで、これまで教師がコントロールしてきたことを子ども自身ができないかなということを考えて模索しています。

田中　なるほど。そのときに、子どもにやらせたいこと、子どもにできること、子どもにはやらせてはいけないことを整理しておく必要があると思います。

例えば、グループの話し合いのときに、子どもが司会をするのがいいといって授業の進行を子どもにすべて任せようとする先生がいます。私の授業ビデオなどを見て「田中先生もやっているじゃないか」と思われるかもしれませんが、私は決して進行自体を丸投げしているわけではありません。表現や方法といった手段、伝達の方法は子どもたちに任せますが、そのときもなぜそうするかという意図や心はきちんと伝えることを意識してます。

私のビデオをよく見てもらえるとわかるのですが、私が「君がすべて言ってしまったら、友達は君が見つけたその面白さを味わえないよ。みんなにもその面白さを味わわせたいと思わない？」と目的だけを伝えて、子どもがそれを実現する方法は自分で考えています。

でも、それを逆にする方もいますよね。こちらの意図や思いは教えないで、方法だけを教えてしまっている方です。「こういう方法でしなさい」って。方法を縛られると、子どもたちは工夫ができなくなってしまいます。教師教育で若い先生にスタンダードを教えているのも同じ。あれも方法を縛っています。大人も子どもも**目的を共有したら、実現のための方法は本人に考えさせて、「何のためにそれをするのか」を常に考えさせることが大切**だと思います。

盛山　それは大事ですよね。私もすべてを子どもに任せようとは思ってはいません。あくまで手段の一つで、目的は子どもの主体的な学びの実現です。

先ほどの「見える」「見えない」で言うと、個人のフォルダ内では自分の考えは誰にも見えません。ただし、共有フォルダにアップすると、そこからはオープンになります。ですので、**アップするまでの困り具合などを把握したり、みんなと同じような経験をさせてあげたりするために何ができるかを考える猶予ができます。**

あとは、アップした後、友達の考えがよければ、「いいね」マークを押したり、よくわからなければ「クエスチョン」マークを押したりする機能をたそうとしています。あるいは、チャットなどでコメントすることもあるかもしれません。

また、アップされた子どもたちの考えを線でつなぎ、関係を見出させることも考えています。そうすることで似た考えをまとめることが可能です。いわゆる統合ですね。

どうすれば全員の考えをうまく共有できるか

田中　全員に参加させてアイデアを整理するというのは、KJ法などが有名でよく現場の校内研でも活用されていますよね。みんなの考えを付箋やシール、ネームプレートを使って貼り出していくけど、あまり授業では使われていないですよね。なぜでしょうか。

盛山　ネームプレートだけだと、表現の中身に乏しいからですか。

田中　それもあるけど、一番はそもそも使いにくいからかなあ。校内研修会でもよく使われていますが、**付箋に書かれたものは字が小さくて読めないし、それらをまとめるのは至難の業**です。大人でも大変なのに、子どもの書き込みをまとめるのはより大変ではないでしょうか。思考を拡散させるにはいいけど、まとめるのは相当な授業力が必要です。

盛山　例えば、個人の子どもの考えを線でつなぐくらいだったらできませんか。矢印を書いてつないで、それでボタンを押すくらいです。その個々で行ったことを集約するのは、ＡＩに任せます。

田中　そこまでＡＩを信用できるかどうかですね。私は最近ChatGPTを使ってよく遊んでいますが、平気で間違えますよ。だから、ＡＩはみんなが言うほど信頼できることばかりではありません。最も大切な集約を任せていいかどうか、そのことを承知の上でやるのならいいですが。

盛山　そこは注意しなければいけませんね。ただ、きっかけにはなると思います。

田中　そもそも、どうしてＩＣＴやＡＩを使いたくなったのですか？

盛山　自分がこれを使ったら違った世界が見られるのではないかと思ったからです。今まで黒板を中心に授業技術を高めてきましたが、**ツールを変えることでまた違った授業ができるかもしれない**し、チャレンジしていきたいと。

それに、ＡＩ時代に必要な力は、ＡＩができない部分の力を高めるのではなく、ＡＩをコントロールし活用する力だと考えています。共存ですね。そのためには、時にはＡＩの使い方のルールを決めることも必要でしょう。ＡＩは過去のデータを整理する力に長けています。少し飛躍した話かもしれませんが、目的を定め、未来を創造する力に長けている人の能力が連携し、地球上の諸問題を解決していければと思います。

田中　その精神はいいですね。でも、今ＩＣＴがブームだからやる、そこに乗っかっている感じに見えるのは気をつけないといけないと思いますよ（笑）

盛山　そうですね。ただ、何か問題点の改善にならないかなとは思っています。私自身が経験することが必要なのかなと。

田中　経験は必要です。でも、それは盛山先生個人にとって必要ということです。学校の研究の柱にするならば、もう少し掘り下げた方がいいのでは？

例えば、タブレットを使って子どもの考えを共有するとします。でも、これは問題解決学習の自力解決のもつ問題点の改善点については話題になっていませんよね。盛山先生は、問題解決してから上げるとおっしゃっていましたね。

盛山　そういう子もいるし、協働の段階で上げる子もいます。先ほどおっしゃっていたように、見られたくない子はノートに困ったことを書く選択肢もあります。

田中　でも、それは今までもそうでしたよね。ノートのときも、やりたくない子は動かないし、見せない子もいました。その子たちが動かないのは見せたくないという意思表示だったわけです。「はい」って手を挙げていた得意な子が、共有スペースにアップする子になりますよね。

実はアナログでやっていたときも、先生はうまくサンプルの手法を取り入れていました。全体で話題にするのに適した考えを先生が意図的に選んでいたわけです。逆に言うと、全体に適していない特殊な考えを選ぶと、ただ這い回る授業になることがあります。それを子どものつぶやきを拾うことだと思っている先生もいるかもしれませんが私は違うと思っています。

盛山　はい。ですので、子どもの力を生かして、「これはいい考えだ、すごいよ」とか「この考えが聞きたい」「じゃあ、聞いてみようか」ということを子どもが選ぶようにできるといいのかなと思ったのです。その選択が本質に近ければなおいいですね。

AIも教師の使い方次第で大きく変わる

田中　授業の前半部分についての想いはわかりました。では、後半はどうしますか。できる子は共有にアップした、できない子はノートで止まっています。その後はどうやって進めますか。

盛山　できれば、**子ども同士で助け合うことによって見えてくることが必要**かなと思っています。

田中　具体的には、どういったことが行われるのですか。

盛山　例えば、できない子たちがSOSを出すシステムがあって、そこで困っていることを書くことができます。いろいろな子たちの吹き出しで、誰かが困っているいることが少し見えたときに、直接その子の机のところに行ってもいいのではないかと。

田中　困っているというのは、どうやって発信するのですか。

盛山　LINEのように、吹き出しで打つと全員が見られます。もしくは誰かにダイレクトで送っても構いません。

田中　果たして、できない子は本当にそこにSOSを出すことができるでしょうか。実際の授業中でも「先生、わからないです」と言えない子はたくさんいます。自分の名前を出すことすら躊躇している子たちが、自分からSOSはなかなか出せないのではないでしょうか。

盛山　そうですね。皆に知られたくない子は個別に教師にメッセージを送ることができます。

田中　それができる子はまだ動いている方だと思いますよ。それで、もしもそのSOSが例えば七つほど来たらどうしますか。

盛山　その場合は、全体で共有するしかないですね。「今、こういうことで困っている人がいます」と名前は出さずに言います。

田中　う〜ん、それだとやはりアナログ時代の授業と変わらないんじゃないかな。

AIも使う人によって使えるかどうかは全然変わってきます。ChatGPTも、**こちらが何を教えるか、何を問うかで反応が全然違います。**私は最近、国語のディベートの授業でChatGPTを活用することをよく紹介しています。ある文章をChatGPTに読み込ませて、二つの立場に分けて一つはChatGPTに、もう一つは子どもが担当してディベートの相手をさせるんです。

盛山　問う力が大事だということはよく言われていますものね。それを含めて、私はＡＩをコントロールしたり、活用したりする力が大切だと考えています。

田中　きちんと教えれば、ＡＩは上手にコメントを書きますよ。指導要録用のコメントなんて、ChatGPTに書かせたら先生たちも楽でしょうね（笑）

最近は、プロンプトエンジニアという仕事が注目されています。ＡＩをどうやったら効果的に活用できるかを考える新しい仕事です。これからの時代を考えると、**どのようにＡＩに問いかけるか、より有効に使うにはどうしたらよいかを考えられる力が必要**だと思います。

盛山　まさにそこだと思います。そして、ＡＩとともに何を生み出すか、見出すかです。

田中　子どもにまとめさせずにＡＩに任せたり、自由に立ち歩いて話をさせたりするのは、簡単ですし楽ですけど、本当にそれでいいのかはやはり私は疑問を感じています。

大事なのは子どもの心の動きを見ることだと思います。他の子に頼れない、先生が来ても自分を隠してしまう子がいるのは、自分ができないことを知られるのが嫌だから。みんなが均一にアドバイスを受けるのはいいですが、みんなの中で自分だけアドバイスを受けるのが見えるのはやはり嫌だという子もいるんです。

盛山　いずれも何のためにそれを行っているのかということですね。私は第一に、できない子をどう救うかということがあります。それから、**どうすれば今まで見えてこなかった多くの子の考えや表現を把握して、子どもたち同士でつないでいくか**ですね。

田中　その目的意識の整理は大切ですね。一つ目が個の表現を捉える新しい手立ての模索として、二つ目はそれをどのようにつないでいくかということ。そこにＩＣＴがどこまで役に立つかという試みだということはわかりましたが、子どもたちの心の課題をいつも視野に入れておくといいと思います。

盛山　おっしゃるとおりです。

真に子どもが主体の授業をするために

田中　前半の表現方法についてですが、タブレットを中心にして個が動く活動を増やすと、逆に差が如実に出るようになるといった心配はありませんか。

盛山　そうですね。協働のときは、誰かの考えを見ながらできるので、差は隠れることになりますが……。子どもたちの自然な動きと学び方の指導によって、子どもたちのいきいきとした姿を引き出せればと思うのですが。

田中　問題解決学習のときも、自力解決の時間が長すぎると子どもの差がどんどん開いてしまったという反省がありましたよね。

盛山　そのあたりは調節してやっています。ただ、やはりポイントとなるのは、先生がおっしゃった「何のためにタブレットを使うのか」という目的ですね。

田中　**子どもたちに自由に任せるにしても、「なぜ、任せたい」と思っているのかも大切な視点**だと思いますよ。

盛山　私は、子どもたちの力を本当に引き出せているのか、という思いがあります。もしかしたら、彼らの力を自分が押さえ込んでいるのではないか、つぶしてしまっているのではないか、と。だから、**私がやってきたことを彼らの手でできないかと、問い直している**のです。

田中　なるほど、では盛山先生が子どもにやらせてみたらいいと思っていることは例えば何ですか。

盛山　発表順ですね。通常は、誰に発表させるかは、教師が決めます。シナリオも決めています。でも、それが果たして、子どもにとっていいのか。「本当は僕が言いたかった」とか「私ならこう答える」などと、我慢して付き合ってくれている子もいると思うのです。なので、指名自体も子どもたちが決めることで、納得した議論ができるようになるかもしれないと。

田中　子どもはその指名順をどうやって決めるのですか。

盛山　全員が納得した考えを見えるようにしたときに、子どもがそれを見て意見を言うはずです。「これおかしいんじゃないか」とか「これとこれ同じだよ」など。そこから、考えを取り上げて議論していくイメージです。

田中　それだと今までと同じだったりしませんか。

盛山　どちらかというと、今までは子どもたちは全体が見えていませんでした。私が机間指導して、発表させる子を決めていたところがあります。つまり、サンプリングしていたのですが、ＩＣＴを使えば全体を見ることができます。気になる考えが出てくるはずです。だから、子どもたちに決めさせてもいいのではないか、少なくとも子どもと相談しながら決めてもいいと思います。

田中　でも、多岐に分かれる子どもの意見はどうやって集約するのですか。

盛山　そこは子どもの声ですね。共有ツールに何らかの機能をもたせて実行するのもいいですが。

田中　だったら、それもあまり変わらないかなあ。今まで5個しか見えなかったものが30個見えるようになったという違いはあるけど。

盛山　それでちょっと困っています。先ほどお話ししたボタンやコメント欄を設けるなど、何か工夫できないかと考えているところです。いずれにしてもじっくり考えることが必要になりますので、時間がかかりそうです。

田中　そのときに注意してほしいことだけど、画面に子どもの名前が出たら駄目だと私は思いますよ。子どもによっては、誰が提案したか、その名前で考えの良し悪しを判断する子もいるでしょうから。

盛山　確かに。今は名前が出てます。ロイロノートは隠すことができるようですから、この機能は今後の課題ですね。

田中　あと、30人もの考えをすぐに読み切れないでしょう。大人でも大変です。

盛山　そうですね。今は、図形の授業で試しているので、パッと見た感じで判断できるところはあります。

田中　いや、一斉に見たときには、図形は同じように見えることもあるけど、図の中の書き込みを見て一人ひとりの考えをきちんと読み取ろうとすると時間はかかるでしょう。この読み取りが大変だと結局、算数が得意な子の考えがたぶん正解だろうとバイアスがかかってしまわないかな。

盛山　まずは名前を消すことですね。

田中　あとは、子どもの字も活字になるといいですね。直筆だと、そこから誰が書いたかわかりますから（笑）

盛山　ともかくバイアスを消すという配慮がいるということですね。

田中　そうです。それと、「いいね」ボタンを押してそれが人気投票みたいにしてしまったら、苦手な子からすると最悪ですよ。

盛山　それなら見えないところで上げて、教師がサンプルの一つとして取り上げるというのはどうですか。

田中　サンプルを三つか四つ見せてあげるということですね。こうして話していると、従来の問題解決学習でやっていたことに段々なってきましたよね（笑）。一番読み取りやすい図で図の読み方を勉強させて、その後で話し合う時間を取るというようにこれまでも工夫してきたはずですからね。

いずれ子どもたちに選ばせるにしても、例えば前の時間に教師がサンプリングで取り上げた図で練習させておいて、次時で話題にしたい図を子どもたちにピックアップさせるならいいかもしれませんね。前時で基本となる話し合いの練習をしているから。つまり、いきなり丸投げにするんじゃなくて、**子どもたちに図を読み取る勉強や話し合いがしやすい題材で練習させてから**にしたらどうかな。

盛山　ありがとうございます。私自身、子どもと対話しながら「これ、どう思う？」とやっているのですが、先生が言われたバイアスとかプロセスをつくるというのはとても参考になります。

子どもを自由にさせるためには武器が要る

田中　私が飛び込み授業で、意見を言えない子たちのために、バイアスを消すための方法としてよくやっているのは、例えば3年生が相手の場合は「2年生だと、どんな間違え方をすると思う?」と聞いたりしています。これで子どもの肩の力がストンと抜けます。

大人相手の講演会で問題を解くときも、「自分のクラスの子どもを想像してごらん。こういうのでできないなという子がいるでしょう。その子になってしゃべってみてください」と言うと、みんなニコニコして話します。

その本人に背負わせるのではなく、プレッシャーを取り除いて、自然と本音をしゃべれる環境にすることが大切だと思うのです。しゃべったときに周囲が笑わず「そうそう」と頷く。この経験を重ねることで、「この友達とだったら少し不安なことも言ってみようかな」と思える集団が育ちます。ここでも「育てて」から「子ども同士でできるように」する。やはりプロセスが大切だと思います。

盛山　価値観とか学び方は、いろいろなことを教えてからでないと成功しないですね。

田中　学校では、ことさらに「自由」を強調したり、子どもに「選ばせる」ということを声高に唱えているけど、よく考えたら彼らの日常は自由なのです。土曜日や日曜日、近所の公園で遊ぶのや、お誕生日パーティーを開くときの人の集め方は自由なんです。だから呼ばれない子はハラハラしています。下校も自由。ある子が来たら走って逃げるなんて残酷な出来事もよくあります。

こういうことが、先生の見てない自由空間では行われているんです。だから自由に子どもが動いてることだけで満足していてはいけないということです。**私は授業の中で「はい、じゃあ自由に立ち歩いて友達と話してごらん」という、この自由な時間の中にあるいろいろな問題を意識しないと、また同じ失敗を繰り返すと思っています。**

それは例えば、①得意な子だけが活躍している、②人間関係で集まっている、③結局、動けなかった子がいる、などです。まずは動けない子が動けるための環境づくりをするという意識が必要じゃないかな。

盛山　おっしゃるとおり、一人ぼっちになっている子をどうフォローするかといったことを子どもたちと考えます。自由は自由ですが、私たち教師が見ている中でのオフィシャルな場面での自由ですから、意図的に学び方をつくることが大切だと思います。

田中　かつてスクールカーストが話題になったことがありますが、子どもの世界は複雑です。得意な子が苦手な子の世話をする、そんな**形だけで安心しては駄目**だと思います。

盛山　本当にそうだと思います。だからこそ子どもと対話をして、子ども理解をもとに学び方をつくることが必要です。内容に応じて、単元構成や45分という時間も柔軟に考えることが大切だと思います。

田中　先日亡くなられた手島先生の授業ビデオがあります。手島先生はその中で小さなメモ用紙を子どもたちに渡して発表したいことを書かせて集めていました。子どもたち全員がメモをして持って行くと、先生はそれを整理します。「なるほど、こういう意見が一番多いのか」と呟きながら分類していくのですが、子どもたちから見えません。その後、先生は「この意見は三人しかいないな」と言って、回答を板書します。でも、実はそんな回答を書いた子はいなかったりします。手島先生がまず取り上げるべきだという考えを板書していくわけです。子どもたちは誰の意見だろうかと思っています。この手法だとバイアスはありません。しかも教師の方でコントロールできています。
つまり、手島先生は私が筑波小に赴任する前から、そういったことを考えて実践されていたわけです。

盛山　今の私の問題意識と同じだったんですね。

田中　子どもに任せて自由に表現するということであれば、流行のペアトークも一つの方法ですね。私はこれを古くからやってましたけど、集団学習（ピアラーニング）の二人版のことです。

盛山　今はだいぶ浸透して、ペアだけのトークと勘違いしている先生もいますね。

田中　もともと小集団学習では、四人以上集まらないとグループ化しても均質な話題が発展できない、だから二人では難しいと言われる方もいました。確かに二人で話し合いさせても「何するの?」「わからない。私も聞いてなかった」なんて二人とも動けないペアはたくさんありますからね。

盛山　表現の量だけであれば二人は強いですが、知恵を出すという意味ではちょっと弱いですものね。

田中　表現の量も表現したいことがなければ話しません。例えば、1年生の子全員の手が挙がったようなとき。この子たちに発散させるために「じゃあ、隣にしゃべってごらん」という手法はありです。ところが、30人のクラスでまだ5人しか手が挙がってないのに、二人ずつにしてやっても意味がありません。

私がやっていたグループ浸透学習というのは、授業のまとめで「今日面白いことは結局何だった？」と聞いたときに、6人ほど手が挙がったとします。私はその6人を分散させて、他の子どもたちに6人それぞれの話を聞きに行かせる時間もつくっていました。

一人に聞いたら「では、移動です」と言って、もう一人の話も聞くようにする。そして、自由に歩いてペアを組んで、二人から聞いた話を伝達させるわけです。このときは、伝言ですから誰にでもできます。話す材料もあります。このようにしたら、同じように自由に歩いたとしても手立てがあります。だから、**自由にさせるのであれば、話す中身となる武器を持てるようにしてあげないと。**

その昔、私がペアトークをさせたのは、聞き取りが目的でした。例えば、誰かが発表したとします。でも、その発表の中身は往々にして聞かれていなかったりする。だったら、二人で発表した内容を確かめ合わせるようにしようと思って始めたのです。伝言ならみんな参加できますからね。

盛山　話すことが決まっていると、取り入れやすいわけですね。全体に共有すると か、説明の練習にペアトークを使う。この考え方の根底には、**学びの基本は模倣である**ということがあるような気がしています。ペアやグループで問題解決の話し合いをするというのは簡単ではないですね。

田中　そうです。確認や伝言ならうまくいくのですが、これをアイデアなどの拡散や解決のための話し合いに使うと途端にうまくいかなくなる。実際、大人でやってもうまくいきません。「どうなんでしょうね」「わからないですね」となるペアがたくさんできます。

盛山　子ども同士だと特定の子が活躍しがちですね。

田中　すると、見捨てられる子も出てきます。だから最初は自由ではなく、**「はい、お隣さんとこれを伝達するよ」というように相手を固定して練習**させます。これだって意外と大変です。

まずはペアを決めて、ちゃんとその二人で話ができるようになってるかどうかを見届けた後で自由に動く時間を取る。やはり育てないといけません。

過去の失敗を生かして未来の授業へつなげる

盛山　先生のお話を聞いていろいろな視点をいただきました。まずはＩＣＴを何のために使うのか、その正体が何かということを追究してみたいと思っています。

田中　コンピュータを教育に使う試みの先行研究も調べてみるといいですね。私はかつてＩＣＴ研究会の会長をしていましたし、自分でプログラムを書いたり教材作成支援ツールの開発などにも関わっていましたが、例えば、「個別最適化の試み」は昔から言われていたのです。個への対応がなかなかうまくいかないから、昭和の中期にはコンピュータを使おうという発想になりました。それがＣＡＩ（Computer Assisted Instruction）教室です。

それぞれに違う問題を与えて進度も自由にして、それぞれの子どもたちに向いていることをさせようとしたのです。

でも、このときも困ったことが生まれました。子どもたちの学習がバラバラになる、また他と関わる力が弱くなる、そうして一人ずつパソコンに向かうのではなく、グループで使うような使い方も研究されました。つまり、個と集団のバランスをいつも取ることに苦労してきたわけです。

タブレットを使うたくさんの実践を見ますけど、やはり同じ壁にぶつかっているので、盛山先生にはこの問題意識をもって取り組んでくれれば、新しいことが見つかるのではないかと期待しています。**過去の失敗をちゃんと役立ててほしい**のです。先ほどの子ども同士に委ねるのも、実は昔から行われています。相互指名もその一つでした。でも、これもうまくいかないという悩みをよく聞きます。

盛山　友達同士だけで回ってしまうからですね。

田中　そうです。学級経営ができてないクラスでは、最初に男の子を指名したらあとはずっと男の子になったりしてね。さらに、出てくる話題もバラバラになりがち。そうすると、聞いている子はもうついていけないわけです。こうして、

先生たちの意図的指名がやはり必要なのだと戻ってくる……（笑）

盛山　そういった反省を現在のＩＣＴや共通ツールでなんとか解消しながら、子どもたちに表現させたいなと思ってはいるのですが。

田中　ぜひ、挑戦してみてください。算数の授業で子どもに問いをつくらせなきゃ動かないと言っているわけですから、**大人の研究でも新しい試みに挑むときには、問いをもたないといけない**と思います。流行に飛びつくのではなくてね（笑）

盛山　やはり問題意識が大事なんですね。問題を探すこと。

田中　そうです。私がかつて筑波小で研究企画部長をやったときは、「日本の初等教育本当の問題点は何か」という大きなテーマを掲げて取り組んだことがありました。筑波の先生たち一人ひとりに自分独自のテーマを考えてもらって、それぞれの問題意識をもう一度はっきりともってもらいたいと考えたからです。文科省のキーワードにあるからやる、流行だからやるというのではなくてね（笑）

そして、次の段階ではそれをクリアするためにいかに具体的な手立てが話せるかが大事です。具体策を話した瞬間に、聞いてる側が「それ、かつてやったけど駄目だったんだよね」と思われるような手立てだとしたら提案性は弱いということです。ここからは盛山流の新しいアイデアに期待しています。

盛山　これは本当に難しいですね。でも、いろいろ考えながらチャレンジしていきたいと思います。

田中　もう一度言いますね。盛山先生ならではの新しい取り組みを本当に楽しみにしていますので、頑張ってくださいね。応援してます。

著者略歴

田中 博史（たなか ひろし）

「授業・人」塾代表、学校図書教科書監修委員

1958年山口県生まれ。元筑波大学附属小学校副校長、元全国算数授業研究会会長。主な活動は、教員研修や子育て支援セミナー。また子ども用教材「算数の力」（文溪堂）の監修経験から教材教具を活用した算数授業づくりセミナーや、教具を使った遊びを通して行う学級づくりのセミナーなど幅広い活動を全国で展開している。これまで筑波大学や共愛学園前橋国際大学、さらには各地の大学での特別講義などを通して出会ってきた大学生やその卒業生、さらにはそのつながりから広がった初任者を含む若手教員たちとのサークル活動の支援なども全国で開催。また、教育委員会主催の管理職研修会、研究主任研修会などスクールリーダー育成、さらには保育園や市民大学などで保護者対象の子育て支援セミナーなど、「人」を育てることに取り組む様々な立場の方を応援している。

主な著書に、『学級通信で見る！田中博史の学級づくり』（1、4、6年生）、『子どもが変わる接し方』『子どもが変わる授業』（東洋館出版社）、『子どもの「困り方」に寄り添う算数授業』（文溪堂）等、また主な編著書に、『板書で見る 全単元・全時間の授業のすべて 算数』（1～6年監修）、『学校が変われば、授業が変わる！ 新しい研究授業の進め方』（東洋館出版社）、『算数授業の当たり前を「子どもの姿」から問い直す』（明治図書）等多数。

盛山 隆雄（せいやま たかお）

筑波大学附属小学校教諭、玉川大学非常勤講師

１９７１年鳥取県生まれ。横浜国立大学大学院教育学研究科数学教育専攻修了。学習院初等科教諭を経て、現職。全国算数授業研究会常任理事、隔月刊誌『算数授業研究』編集委員、教科書「小学算数」（教育出版）編集委員、日本数学教育学会常任幹事、全国初等教育研究会（JEES）常任理事、志の算数教育研究会（志算研）代表。２０１１年、「東京理科大学第４回《数学・授業の達人》大賞」最優秀賞受賞。２０１２年、志の算数教育研究会として「第61回読売教育賞最優秀賞（算数・数学教育）」受賞。

主な著書に、『数学的活動を通して学びに向かう力を育てる算数授業づくり』『「数学的な考え方」を育てる授業』『板書で見る 全単元・全時間の授業のすべて 算数 5年上』『クラスづくりで大切にしたいこと』『思考と表現を深める算数の発問』（東洋館出版社）等、また主な編著書に、『めあて&振り返りで見る算数授業のつくり方』（明治図書）、『11の視点で授業が変わる！ 算数教科書アレンジ事例40』『板書で見る 全単元・全時間の授業のすべて 算数 5年下』（東洋館出版社）等がある。

子どものために教師ができること

2024（令和6）年3月15日　初版第1刷発行

著　者：田中博史・盛山隆雄
発行者：錦織圭之介
発行所：株式会社東洋館出版社
〒101-0054　東京都千代田区神田錦町2丁目9番1号
コンフォール安田ビル2階
（代表）　電話03-6778-4343　FAX 03-5281-8091
（営業部）電話03-6778-7278　FAX 03-5281-8092
振　替　00180-7-96823
U R L　https://www.toyokan.co.jp

装　　丁：小口翔平＋須貝美咲　（tobufune）
組　　版：株式会社明昌堂
印刷・製本：株式会社シナノ

ISBN978-4-491-05077-5　Printed in Japan